JN032754

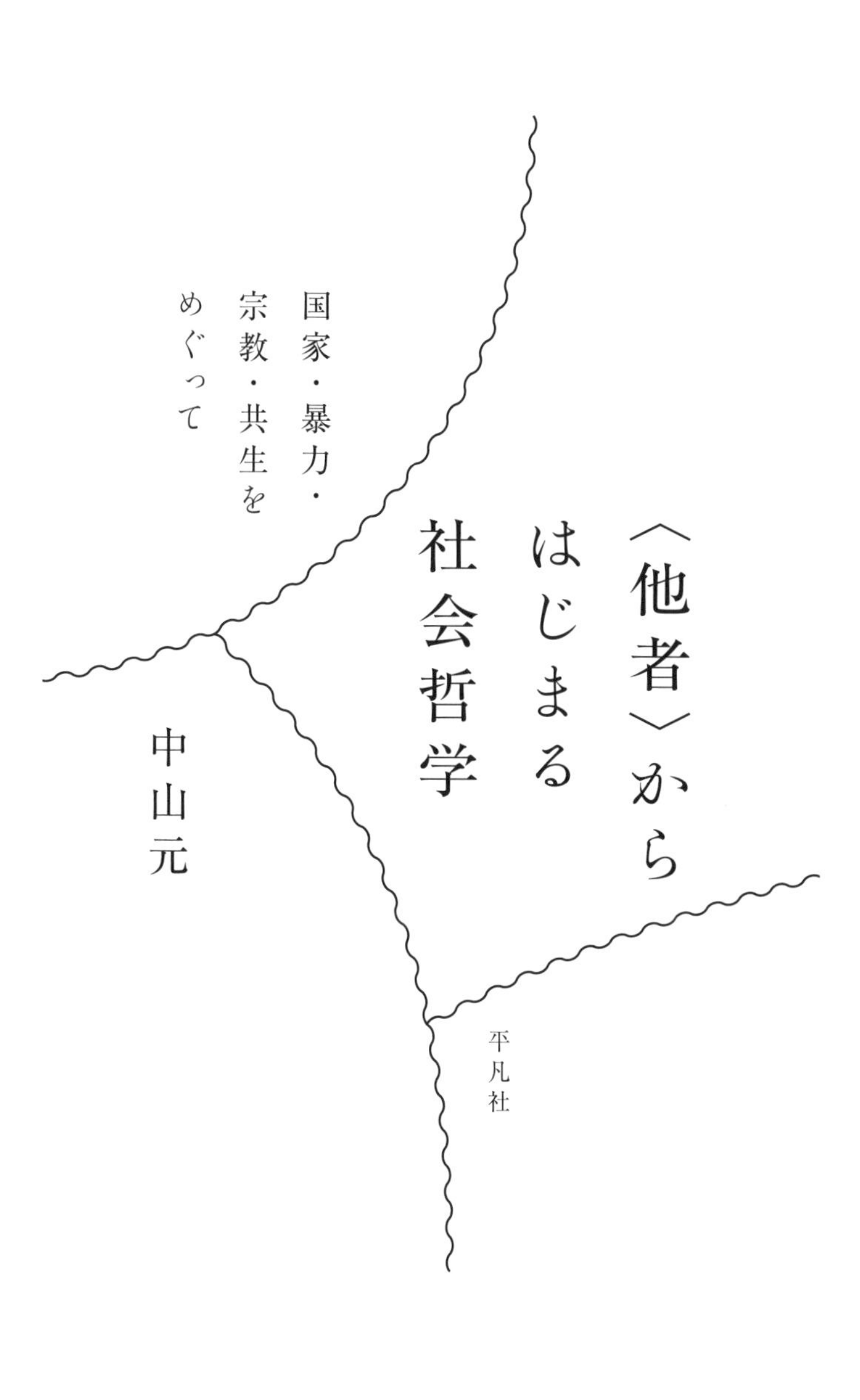

〈他者〉からはじまる社会哲学

国家・暴力・宗教・共生をめぐって

中山元

平凡社

〈他者〉からはじまる社会哲学　目次

目次

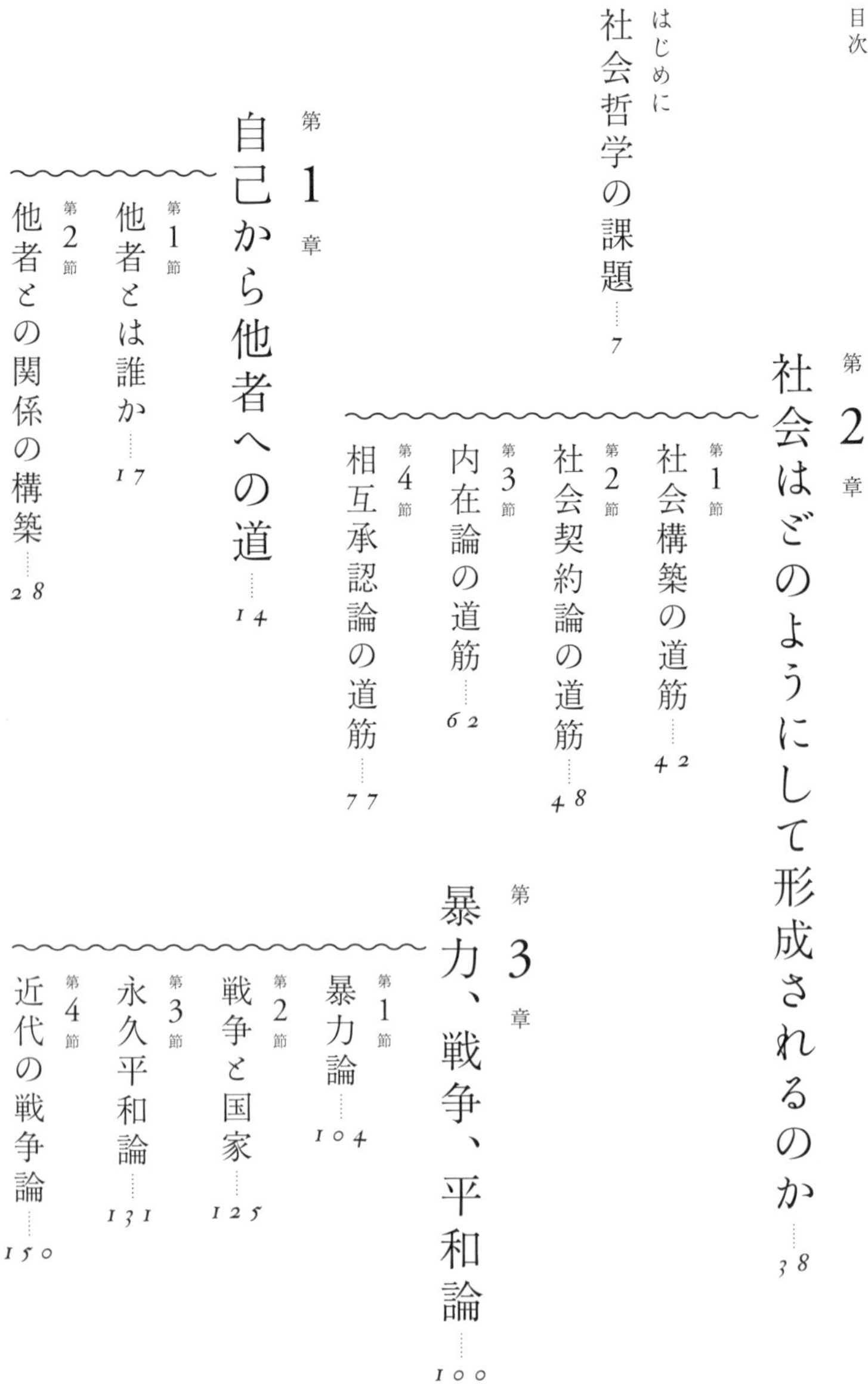

はじめに 社会哲学の課題

〈わたし〉としての「自己」と実存

わたしたちは誰もが「自己」として生きている。わたしは「わたし」であり、ほかの誰でもない。わたしたちは誰もが「わたし」として生まれ、これまで生きてきた。わたしがこれまで記憶してきたこと、わたしが今ここで感じ考えていること、わたしがこれからやろうとしていること、それらが「わたし」を作り上げているが、そのどれもが、わたしでない他者には手の届かないわたしの「自己」を形成している。もしもそれらがなくなったら、わたしは自分を「わたし」として感じることができなくなるだろう。

これと逆の意味で、わたしは他人の生を自己のものとすることができない。あなたがこれまでの生のうちでどんな記憶を紡いできたのか、今そこでどんなことを感じ考えているのか、これからの将来についてどんな期待を抱いているのか、それらをわたしは知ることができない。これは原理的に確実なことである。わたしたちは誰もが他者に対して閉ざされているこのような「自己」をみずからのものとして大切にしている。あるいはときにはそのような自己が耐え難いほどの重荷となることもある。いずれにしてもわたしたちは、他者の記憶も、感情も、意欲も理解できない閉ざされた存在である。他者の存在はわたしたちにとっては、自分のものとして理解することが、そもそも原理的にできないのである。

誰もがそれぞれに「わたし」をもっているということ、それが人間の基本的なあり方であり、ドイツの哲学者**マルティン・ハイデガー**（一八八九〜一九七六）はこのあり方を「実存」と呼んだ。人間は実存する。ハイデガーは人間という伝統的な概念を使うことを避けて現存在と呼ぶが、この現存在である人間の本質は、「みずからの存在を、そのつどみずからの存在として、存在しなければならない」[01]ということである。「現存在は自己自身であるか、あるいは自己自身でないかという、自己自身のあり方の可能性によって、自己を理解している」[02]と言えるだろう。ハイデガーはこの自己としての存在を、それぞれが自分だけの「わたし」であるという意味で、「各私性」と呼んだ。わたしたちはこのかけがえのない「わたし」というそれぞれの自己を生きながらしか、この世で生きることができない。

この自己のかけがえのなさが、わたしたちの実存のあり方の根本的な規定である。ハイデガーが『存在と時間』で展開した実存論的な存在論は、この規定に基づいて、わたしたちが世界のうちでどのように生きるのかを詳細に考察したものだった。そしてこの書物の根本的な規定は、人間であるわたしたちが、それぞれの自己を生き、実存する存在であることだった。わたしたちにとってそれぞれの自己は、他者から侵害されてはならない大切な「砦」であり、これを侵害しようとする他者からは、防衛しなければならないものである。

社会哲学の難問と本書の構成

しかしわたしたちは社会のうちで、他者とともに生きている。それぞれが「わたし」としての各私性のうちに生きているのに、わたしたちは、それでも他者の各私性を尊重しながら、他者と家庭を作り、社会を作り、国家の中に生きている。このようなわたしたちの実存の閉ざされた各私性は、原理的に他者への通路をもつことができないものでありながら、わたしたちはあたかも他者の心を理解することができるかのように、人々と交わり、人々と協力して社会のうちで生きている。これはどのようにして可能になっているのだろうか。

一七世紀のヨーロッパ世界の重要な思想家だった**ゴットフリート・ライプニッツ**（一六四六〜一七一六）は人間は誰もがこのように他者に対して閉ざされた原子のような存在であると考えて、そのあり方をモナド、すなわち「一なるもの」と呼んだ。モナドには「物が出たり入ったりすることができるような窓は開いていない」[03]のであり、それ自体として閉じていて、他のモナドと交流することはできない。もしもわたしたちがこのような閉じたモナドとして生きているのであれば、わたしたちはどのようにして社会のうちで他者とともに生きていくことができるのだろうか。他者への通路をもたない孤島のような自己をもつわたしたちは、どのようにして他者と交わり、他者を理解し、他者とともに一つの社会を作りだすことができるのだろうか。これは重大な難問であり、本書ではこの難問を解くための手がかりをみいだそうと試みている。

この難問を解くために、本書ではまず第1章において、このような孤島のような自己がどのようにして生じたのか、この自己はほんとうに他者に対して閉ざされたものなのかどうかを検討する。この章では、わたしたちは他者との関係なしには、真の意味での「自己」というものをもてない存在であること、モナドのように充足して閉じている自己のようなものから出発するわけではないことを確認していく。

社会と国家形成の三つの理論

次に第2章においては、社会と国家の成立について社会哲学ではどのような理論的な枠組みが使われているかを考察してみよう。わたしたちは実際にすでに他者とともに社会を形成して共同の生を送っているだけでなく、すでに国家のうちで暮らしている。フランスの思想家**ジャン=ジャック・ルソー**（一七一二〜一七七八）は『人間不平等起源論』において、社会の形成は野生人の素朴さからの堕落ではあるが、人間の文明は社会の形成なしでは行われえなかったことを指摘している。文明の歴史は社会と国家の歴史でもある。しかし国家を樹立して文明を発達させたことが、人間の幸福に貢献したかどうかは、それほど明確なことではないし、ルソーは文明の歴史は人類の堕落の歴史でもあると考えたのだった。いずれ考察するように、最近まで存続していた未開の社会は、国家を形成しないようにしながら、社会を維持するという「知恵」を示していたのであり、こうした社会では人々を苦しめる抑圧的な権力装置も、強制的な労働もなしですませているのである。

しかしわたしたちは幸か不幸か、国家を形成する歴史的な道筋を選んだのだった。世界の文明はこのような国家を形成した民族によって作り上げられてきた。しかし国家という組織は、人々の生活を維持し、戦争や人々の争いを防ぐことを目的として樹立されたはずであるのに、国家は人々の生活を抑圧し、戦争によって多くの国民を死に追いやっている。国家を形成したことによって、わたしたちの生にはさまざまな重要な問題が発生したのである。この社会と国家の樹立によって発生した困難な問題について考察するために、まずわたしたちがどのようにして社会と国家を形成するようになったのかについて、近代以降において展開されてきた三つの議論を調べてみよう。

まずわたしたちは契約によって国家を樹立したと考えるのが**トマス・ホッブズ**（一五八八〜一六七九）に始まる社会契約論である。これは国家というものが社会にとって超越的なものとみなす議論であるために、外在的な社会構築の理論と呼ぶことができる。これに対して社会と国家は契約など必要とせずに、わたしたちの日常の暮らしのうちですでに成立していることを示したのが**デーヴィッド・ヒューム**（一七一一〜一七七六）や**アダム・スミス**（一七二三〜一七九〇）に代表される内在的な社会構築の理論である。この二つの理論を統合することを試みたのが、**ゲオルク・ヴィルヘルム・フリードリヒ・ヘーゲル**（一七七〇～一八三一）の相互承認の理論である。これらの理論はどれも、現代のわたしたちが社会と国家について考えるための重要な手がかりとなるものであるが、とくにヘーゲルの相互承認論は、第1章で考察する自己と他者の関係についても、言語と労働と家族という観点から、新たな考察を展開するものである。

国家にかかわる四つの視座

次に第3章では国家が成立した後に、国家の内部で発生し、ときに国家を崩壊に導く暴力と戦争について、そして永久の平和を樹立しようとする試みについて考えてみよう。近代のヨーロッパの国民国家の秩序は、すさまじい戦争の結果として誕生してきたのであり、さらに対外的な戦争に国民を追いやることで、国家そのものが崩壊してきたのが、現代の歴史的な教訓である。そしてこの戦争の惨禍ははなはだしいものであるだけに、こうした戦争の勃発を防ぐために、永久平和を実現しようとする試みも展開されてきたのだった。

第4章では、国家を超えた力として宗教と民族の問題について考えてみたい。宗教も民族も、国家を作りだす力と同時に、国家を崩壊させる巨大な力をそなえているのである。現代にいたっても、民族と結びついたナショナリズムの力はきわめて強いものであり、これと宗教が結びつくと、問題はさらに複雑なものとなる。現在のイスラエルとパレスチナの戦争は、この宗教と民族の複雑な問題の縮図のようなものである。またこの章では、宗教と神への信仰という観点から、わたしたちの自己と他者の関係についての新たな考察が行われていることを紹介したい。

第5章では、現代のわたしたちを悩ませているコロナ禍の問題を考察する手がかりとして、国家の統治原理としての生権力と生政治の歴史について考察することにしよう。コロナ禍のもとでの政治は、まさに生権力の政治そのものだったのである。

最後にこうした国家と共同体のあり方を、その内側から超えていこうとする新たな共同性のあり方について検討してみよう。これらの四つの考察の道筋はときに分岐し、ときにたがいに交差しながら、わたしたちの生活のさまざまな局面で、わたしたちに繰り返し、新たな問題を突きつけてくるのである。

モーリス・メルロ＝ポンティ

Maurice Merleau-Ponty
1908-1961

フランスの軍人家庭に生まれる。高等師範学校でサルトルらと知りあう。フッサールの影響から現象学を志し、身体から認識のあり方を問いつづけ、精神と身体を分けるデカルト的認識法に疑問符を突きつける。代表作は『知覚の現象学』。現実政治にも関心を抱き、マルクス主義の功罪を論じた著作も多い。

第1章
自己から他者への道

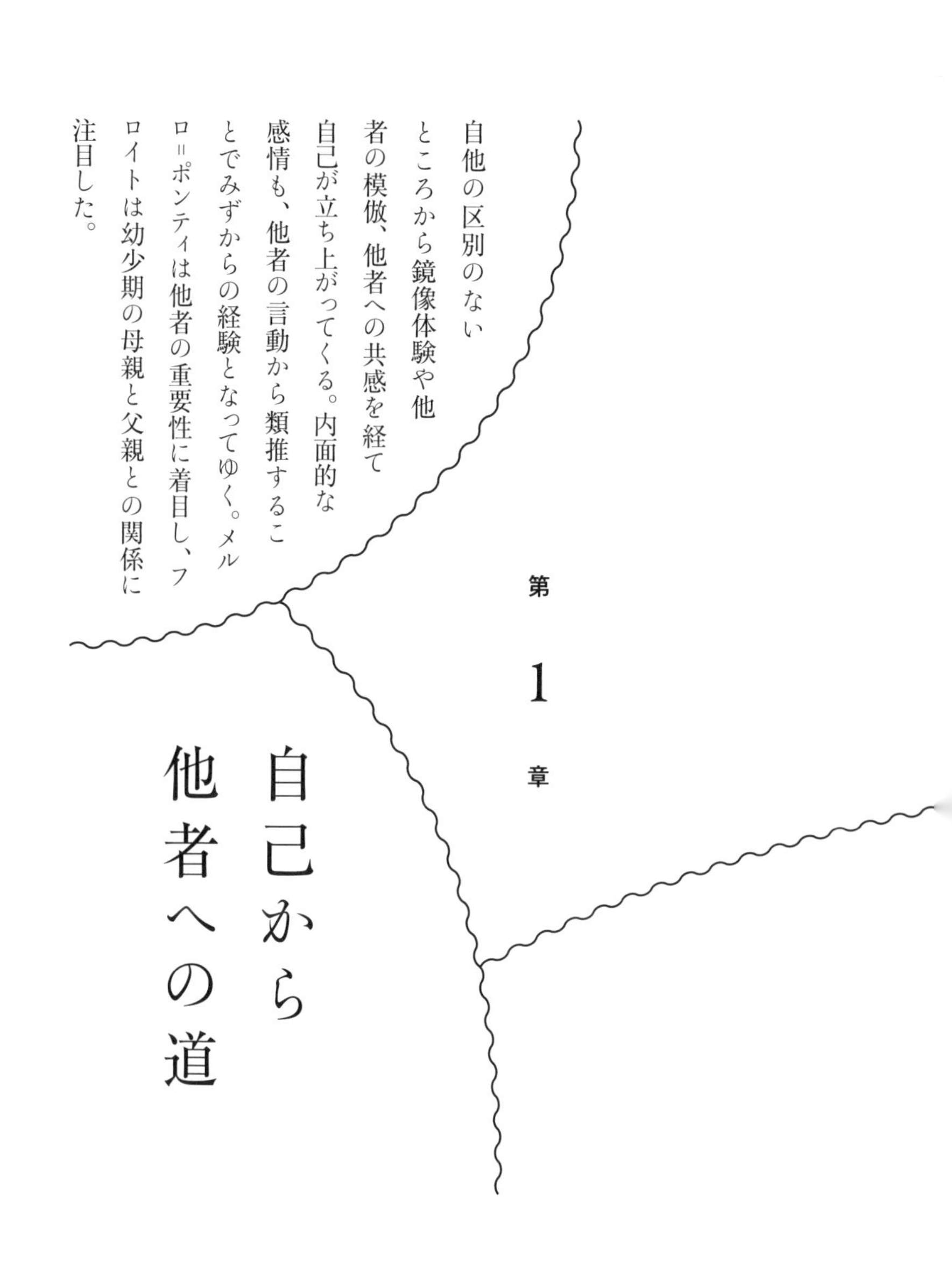

自他の区別のないところから鏡像体験や他者の模倣、他者への共感を経て自己が立ち上がってくる。内面的な感情も、他者の言動から類推することでみずからの経験となってゆく。メルロ＝ポンティは他者の重要性に着目し、フロイトは幼少期の母親と父親との関係に注目した。

ルネ・デカルト René Descartes 1596-1650

フランスの哲学者、数学者。みずからが思考することの確かさに真理の根拠をみいだし、「我思う、故に我あり」の命題を導く。信仰ではなく、人間の理性を用い真理を探究する立場を確立し、「近代哲学の父」と称される。

エトムント・フッサール Edmund Gustav Albrecht Husserl 1859-1938

ドイツの哲学者。数学者として出発したのち哲学に転身。心理主義を排した純粋論理主義の立場から、自身の内面に起きる現象のみを考察し、その意識体験の本質構造を直観し記述する哲学的立場である「現象学」を提唱。

ヨハン・ヴォルフガング・フォン・ゲーテ
Johann Wolfgang von Goethe 1749-1832

ドイツの文学者。小説を中心に自然科学や政治など多彩な分野で活動を行う。小説に自身の恋愛を基にした『若きウェルテルの悩み』、教養小説の古典とされる『ヴィルヘルム・マイスターの修業時代』、戯曲に『ファウスト』がある。

ルネ・ジラール René Girard 1923-2015

フランスの文芸批評家。1947年にアメリカに渡り、大半をそこで過ごす。欲望のミメーシス(模倣=擬態)的な側面から、新しい人類学を創始。最初に構造主義をアメリカに導入した人物とされる。代表作は『暴力と聖なるもの』。

ジークムント・フロイト Sigmund Freud 1856-1939

オーストリアの心理学者、精神科医。パリ留学中、ヒステリーの催眠治療に接し、神経症治療に興味を抱く。無意識の存在を確信し、治療技術としての精神分析を確立。リビドー、コンプレックス、幼児性欲などを提唱した。► 4章

第1節 他者とは誰か

他者問題

わたしたちはどのようにして自己と異なる他者に出会うことができるのだろうか。これは現代の哲学においては、「他者問題」と呼ばれている。わたしたちは他者をどのようにして認識するのか、他者とどのようにして関係をもちうるのかという問題は、わたしたちが普段から他者を他者として認識し、他者との関係をもっているだけに改めて問われてみると困惑するような問いである。それでもこの問いは現代の哲学を悩ませる重要な難問となっている。というのも、近代の哲学は、わたしたちが理解することのできない他者とは違って、確実に理解することのできる自己への確信から始まったからである。

フランス生まれの哲学者**ルネ・デカルト**（一五九六〜一六五〇）が近代哲学の基礎を築いたのは、わたしたちがふだんごく当たり前のように交際している他者は、実はたんなる機械ではないのかという途轍もない疑問から、絶対に確実なのは考える存在であるこのわたしが、今ここに存在することだけであるという確信にたどり着いたことによってであった。わたしにとって確実なのは、わたしが存在するということである。それに対して他者がわたしと同じような存在であるということ、他者がわたしと同じように考えているということは、わたしにとっては確証できない仮説のようなものにすぎないのではないか、とデカルトは問いかける。この問いが近代以降の哲学を貫く重要な問いとなった。

デカルトの思考方法を受け継いでドイツで現象学の開祖となった**エトムント・フッサール**（一八五九〜一九三八）の現象学にとっても、絶対に確実なのは思考するこのわたしの存在であった。そしてこの絶対確実なわたしという存在から他者を眺めるときには、わたしと同等な存在であるということを確証することはできず、ただそのようなものとして想定せざるをえないにすぎないのである。フッサールの現象学にとっては他者の存在を納得できる形で示すことが重要な哲学的な課題となったのである。フッサールは他者経験について「経験というのは原本的(オリジナル)な意識であり、実際に他の人間を経験する場合、他者自身がわたしたちの前にありありと〔身体をもって〕そこに立っている、とわたしたちはふつう言う。他方ここで〈ありありと〉と言っても、それはそのとき本来的には他の自我そのものも、彼の体験も、彼が持つ現象も、彼に固有な本質そのものに属する何ものも根源的には与えられていない、ということは直ちに認めないわけにはいかない[01]」と語るのである。もしも他者の現象がこのように根源的に与えられているならば、それは他者ではなくわたしであり、「結局彼自身と私自身とは一つであったことになってしまおう[02]」と言わざるをえないのである。

もしもわたしたち人間の存在を、ライプニッツの考えたような完全に独立したモナドのようなものとみなすならば、わたしたちは他者の心の中を覗くことも、その感情を味わうことも、その痛みを経験することもできないだろう。その場合にはわたしたちは他者に「感情移入[03]」することによって他者がわたしたちと同じような存在であると推定するしか方法がないことになるだろう。他者が痛みを訴えるならば、わたしたちは自分の痛みの経験を思い起こすことによって、他者も同じように痛みを感じているのであろうと感情移入することによって、他者の経験をいわばなぞるようにみずからのものとして経験することしかできないだろう。そのときには他者もまた、かつて痛みを経験したわたしと同じように、痛み悩み苦しむことのできる存在として構成されることになるだろう。他者の振る舞いを観察し、そのような振る舞いをみずからの内に省みることによって、他者の経験を理解するしかないだろう。他者の心的な経験の内容は「これらの〈心的〉なものもまた、身体的に、身体性の外界的な振る舞いにおいて示唆されている。たとえば怒っているとか喜んでいるといったことの外的な振る舞いとして、おそらく類似の状況における私自身の振る舞いに基づいて理解されることになろう[04]」とフッサールは語る。

もしもわたしたちの自己というものがモナドのように独立した存在であるならば、このような感情移入に似た方法で他者の内面を想像し、そのような〈わたし〉と同じような内面をもつ存在として、他者を構築しなければならないのは必然的なことのように思える。しかしわたしたちは実際に他者をそのような改めて構築すべき存在として経験しているだろうか。他者は最初からもっと〈わたし〉に近い存在として経験されているのではないだろうか。

自己と対等な他者

わたしたちが自分と同等な存在として他者を経験するのは、家庭に侵入するように誕生してきた弟や妹との間で、養育者である父や母とは異なる自己と同等な他者との関係を築き上げる経験を積むことによるものである場合も多いだろう。ただしこれは一つの可能性にすぎず、実際に自己と同等な他者との関係を取り結ぶ経験を積むのは、保育園や幼稚園に入園して、同年配の仲間たちとの共同生活を送るようになってからだろう。

このような共同生活を送る幼児たちを観察して興味深いことは、幼児にとってはまだ自己という観念が確立されておらず、自分の外部に存在する他者たちが、自己よりも身近に感じられるらしいということである。たしかに、次に紹介する鏡像体験によって、鏡に映った自分の姿を見ることで、自己の身体についての統一像を構築することはできるだろうが、それよりも外部に存在する他者の姿のほうが現実的なものとして感受されるらしい。

フランスの哲学者**モーリス・メルロ゠ポンティ**（一九〇八～一九六一）は、幼児において最初に意識されるのは自己であるよりも、むしろ他者であると考えている。「幼児にとって主要な位置を占めているのは他者なのです。幼児自身は自分を〈もう一人の他者〉としかみなさず、幼児の関心の中心は他者にあります」。幼児はまず自分の周囲に存在する具体的な人間である同等な他者の姿に心を奪われる。「幼児にとっては他者こそが本質的なものであり、自己自身の鏡なのであって、その自我はそこにかけられているのです[05]」。

そして言語の習得においても他者が重要な役割を果たすことになる。「幼児の初語は、自分自身に関わるのと同じくらい、あるいはそれ以上に他者に関わっていますし、またそれらは幼児の意識が対自的意識ではなく、他者とともにある意識だということを証示しています[06]」。だからライプニッツのモナドのような自己から出発するかぎり、他者を認識することはできなくなる。「自己や他人というものが絶対に自己意識的なものであって、両者は相互に絶対的独自性を主張しあうものだと初めから仮定してしまっては、もう他人知覚を説明することはできなくなってしまう[07]」のである。

そもそも幼児にとっては最初のうちは自己と他者の区別がついていないようである。幼児が他者の心のうちを理解し、共感するようなことがあったとしても、それは「むしろ幼児自身の生活の一時的な拡大なのです。それはひととき他者のうちに生きるということです。単に自分だけのために他者と同じものを生きるということではありません。こうして自分の子守女が叩かれるのを見た幼児は、泣いて彼女のそばによって庇護を求めました。つまり幼児が同情を寄せているのは自分自身に対してなのです。これに対して真の共感とは他者を一時的に包囲し、他者を包み込むまでになることです」[08]。

だから幼児にとっては、そもそも他人という存在が自己と別な独立したものであるということはなかなか理解しがたいことなのである。そのために役立つのが鏡像体験であり、鏡に映った自己の身体を眺めることで、自己には他者と同じような身体があること、そして自分の経験は自分だけのものであることを学ぶようになる。しかしこのような体験によって自己と他者の違いを認識するまでは、自己と他者は融合したような状態にあり、この段階では、「そこにあるのは個人と個人の対立ではなく、匿名の集合であり、未分化な集団生活[09]」を送っているにすぎないようである。その後でやっと、「こうした最初の共同性を基盤にして、一方では自分自身の身体を客観化し、他方では他人を自分とは違うものとして構成するというふうにして、個人個人が分離され、区別する段階[10]」が到来するのである。

この段階において初めて、幼児は自分が他者とは異なる別個の存在であること、それぞれの個人が「島国のようになっている[11]」こと、そして他人においても同じような事態であることを学ぶのである。幼児の自我は最初のうちは「自分が絶対に他と異なるものだということをまだ知らない自我なのです。というのは、何人にとってもとって代わられることのできない比較を絶した個人としての自己自身という意識は、後になってから生じるもので、最初から意識されるものではない[12]」からである。

鏡像体験

幼児にとって、自己と他者が明確に分離するための重要な第一歩となるのが、鏡を眺めて自己の身体を初めて認識する鏡像体験である。フランスの精神分析学者**ジャック・ラカン**（一九〇一～一九八一）は、幼児が経験するこの鏡像体験において、それまでは分断されていた自己の身体の全体像を初めて把握するための手がかりを獲得できるのであり、この体験の後に子供は初めて「他者との同一化の弁証法のなかで自分を客観化[13]」することができるようになると考える。メルロ＝ポンティは、幼児は鏡のうちに自分の像を眺めることで三つの重要な体験をしていると考えている。第一に、この自己の像によって、初めて幼児は自分の身体の全体像を眺めることができたのである。それまでは幼児に見えるのは自分の手、自分の足、自分の胴体だけであった。そしてこれらの身体部位は、別々のものとして個別に認識されていただけであり、身体という統一された秩序に属するものであることは気づかれていなかったのである。ところが鏡のうちに自己の身体を眺めることによって、幼児はそれまでの分断された身体部位の像から、全体的な身体の像を確立することができたのである。

第二に、このように自分の身体の全体像を眺めることができることによって、幼児は自分の身体を眺めるという経験をするのであるが、そのことによって、自己を客観的なまなざしで眺める可能性が生まれる。それまで幼児は内臓的な感覚によって自己を直接に感受していた。空

ジャック・ラカン

Jacques-Marie-Émile Lacan

1901-1981

フランスの裕福なカトリック家庭に生まれる。哲学を学び、シュルレアリストとも交遊。パリ大学医学部卒業後は精神分析を深め、パラノイア性精神病を扱った論文で注目される。パリ・フロイト派を創設するも死去前年に解散。論文集「エクリ」のほか、セミネール(講義)をまとめた著作がある。

腹である自己、喉の渇いている自己は、直接的な自己である。視覚や聴覚は、主として他なるものを眺め、他なる音を聞くために使われていた。ところが鏡像を経験することで、幼児は自分を眺めることができるようになったのである。そしてそれまでの自己に癒着していた自己の身体の像が、個別に異なるものとして認識されるようになった。「視覚的経験によって、直接的な自己と、鏡の中に見える自己との間の一種の分裂が可能になる」[14]のである。

第三に、このように幼児が自己を客観的な視線から眺めるようになるということは、幼児は自己を他者のまなざしから眺めることができるようになるということである。このようにして「鏡の中の像を通して、幼児は自分自身の観客たりうるようになります。幼児は鏡像の習得によって、自分が自己自身にも他人にも見えるものだということに気づきます」[15]。幼児は他者のまなざしを自己のうちに取り入れることによって、自分の身体について統一的な像を結ぶことができるようになるのである。そしてこの他者と異なる自己の身体の像が確立されることが、幼児にとっては「自己」というものを確立するための最初の重要な一歩となるのである。

鏡像体験の帰結

メルロ＝ポンティは、ここからやがては重要な意味をもつようになる三つの帰結が生まれると考える。第一は自己と重なっていた自我とは異なる自我の審級、自己を外から眺めて判断する審級、超自我の審級が可能となるのである。この外からのまなざしは、「生きられる自我、直接に生きられている自我の上に、構成された自我、遠くに見える自我、想像的自我、つまり精神分析学者たちの言う超自我が、積み重ねられることになります[16]」。

第二の帰結は、このような想像的な自我は幼児にとって魅力的なものであり、そこにナルシシズムの可能性が生まれるということである。「私は、私自身によって生きられている自我の現実性からあっけなく立ち去って、たえず理想的・虚構的・想像的自我にかかわることになります。鏡像はそうした自我の最初の萌芽だったのです[17]」。そして「このようにして、鏡像という一見したところきわめて単純に見える現象の中に、やがてナルシシズムという形で展開されていく〈自己観察の態度〉の可能性が開かれていく[18]」のである。

第三の帰結は、幼児は他者を自己と同等な他なる自己であることを直観的に認識するようになるということである。幼児は自分の身体を鏡の中の像として眺めることによって、自分が他者と同じような身体をそなえた存在であり、他者は自分と似た者であり、自分は他者と似た者であることを認識するようになる。「私が自分を鏡の中に見るばあい、それが私の他人に対して呈する姿と同じであればあるほど、私は、他人が私についてもちうる経験をよりよく理解することができる[19]」のである。

わたしを眺める他者のまなざしと、他者を眺めるわたしのまなざしが、鏡のなかのわたしを眺めるわたしのまなざしに媒介されることによって、見るものと見られるものが相互に交差するキアスムの状態のように重なりあう。幼児は鏡の中の自分の像を眺めることによって、自分の身体はそれまで眺めていた他者の身体と同じようなものであることを認識したのであり、こ

になるのである。

ところがこのような他者と異なる「自己」の確立の道行は、錯誤を伴うものである。この道行は紆余曲折を伴うのである。というのも、このような鏡像へのまなざしを媒介とした他者の認識は、幼児に一つの錯覚をもたらすからだ。幼児はまだ自分の自我と他者の自我とをうまく区別できないのである。あるとき幼女が隣に座っている幼児を平手打ちしたことがあった。なぜ叩いたのかと問われた幼女は、「意地悪で自分を叩いたのはあの子だから」[20]と答えたという。このように自分の行為を他人に転嫁する出来事はそれほどめずらしいことではないようである。「幼児自身の人格は同時に他人の人格でもあって、この二つの人格の無差別こそが転嫁を可能にする」[21]のである。そこには「空間の癒合性とでも言うべきものがあって、同一の心的存在者が空間の多くの地点に、つまりわたしが他人の中に、他人がわたしの中に存在することになる」[22]のである。幼児が真の意味で「わたし」と言える自己の像を獲得するためには、そして他者が真の意味で「わたし」とは存在論的に異なるものであることを明確に認識するには、まだ長い道程が必要となる。

第2節 他者との関係の構築

模倣と共感の働き

このように幼児においてはまだ自他の区別が明確に存在していないのである。しかしこのことが逆に、幼児における他者の模倣と他者への共感の重要な基盤となる。人間はもともと他者を模倣する存在である。ある脳科学の実験によると、他人がある動作をするのを見る時に、脳の内部で自分がその動作をする時に作動するニューロンが同じく作動しているという。このニューロンは「ミラーニューロン」と呼ばれるが、このニューロンが作動することで、人間は他者の動作を了解するのだという。「そこで果たされた行動認識過程が一種のシミュレーションであり、観察した行動が観察者自身の内部で模倣されていることを示している」[23]という。

この機能は他者認識に役立つと同時に、他者に共感するための土台となっているらしい。「他人が感情を表しているところを見るとき、わたしたちのミラーニューロンは、まるでわたしたち自身がその表情をしているかのように発火する。この発火によって、同時にニューロンは大脳辺縁系の感情をつかさどる脳中枢に信号を送り、それがわたしたちに他人の感じていることを感じさせる」[24]らしい。この理論によると、「模倣とミラーニューロンが促進する自己と他者との親密さ」が、「社会的認知の基盤である共感に達するための第一段階」[25]とも考えられる。

　このような模倣と共感能力は、自他が未分化な幼児ではとくに顕著に現われる。メルロ＝ポンティは、模倣というものは、「他人による籠絡（ろうらく）であり、自己への他人の侵入であり、それはまた自分がその面前にいる人の身振りや動作、気に入った言葉、行為のしぐさなどを、自分に引き受けようとする態度」[26]であると語っている。これは「〈私の身体〉と〈他人の身体〉と〈他人そのもの〉とを結合するただ一つの系のあらわれ」[27]なのである。

　たとえば三歳になる幼児が自分の前を行進している別の幼児のふるまいを眺めているとき、「黙って見ている子供と、その前を行進する子供との関係の特質は、その二人が一つの状況の中に溶け合っているということです。黙って見ている子供は、自分の見ているものと本当に一つになっています」[28]という。どちらの子供も「同一の感情状況の中での〈自己と他人との混乱〉」[29]のうちにあるのである。

　そして共感というものも、この模倣をもとにして生じてくる。自他の区別が明確でないのだから、眺めている子供は目の前の子供の感情をほとんど直接的に感じているだろう。ただし自分の感情と他人の感情がそれぞれ異なるものとして区別されなくては、「共感」ということにはならないだろう。ただ直接的に同じことを感じるだけでなく、他人の感じている情緒を「ともに感じる」のが共感であり、そこでは自他の区別が前提とされているからである。共感は、「幼児においては模倣行為（ミメティスム）を基盤としながら、しかも〈自己意識〉と〈他人意識〉との分化が起こり始める時に出現する」[30]ものなのである。ただしこの他者との区別はまだそれほど明確なものではない。「共感は自己意識と他人意識との本式の区別ではなく、むしろ自己と他人との未分化を前提するものだからです。共感とは、わたしが他人の表情の中で生き、また他人がわたしの表情の中で生きているように思うという、その単純な事実のことです[31]」と言えるだろう。

模倣としての欲望

このように子供たちは自他の区別が明確になっていない状態にあるために、他者の行為と自分の行為が明確に区別されていないことが多い。そして子供たちは他の子供たちの行動をほとんど本能的に真似るのであり、そこから共感という重要な感情が生まれてくる。ただしこの模倣という行為は、たんに共感を生みだす源泉となるだけではなく、子供たちのうちに新たな種類の欲望を育てる重要な源泉となる。人間にはそもそも他者の所有するものが欲しくなるという欲望があるようである。欲望というものは、他者の所有するものを眺めることによって生まれる性格のものなのである。

人間的な愛情の多くは、他者の欲望しているものを欲望することによって生まれるという性格がある。ドイツの文学者**ヨハン・ヴォルフガング・フォン・ゲーテ**（一七四九〜一八三二）の『若きウェルテルの悩み』では、主人公はアルベルトの許嫁（いいなずけ）であるシャルロッテにひとめぼれした。ウェルテルがシャルロッテを愛したのは、シャルロッテがすでにアルベルトに約束され、アルベルトに「属する」存在だったからである。夏目漱石の『こころ』において主人公と自殺した友人の対立を生みだしていたのは、主人公の妻となった女性の存在だった。他人が欲望の対象としているものに対して、わたしたちは欲望を抱くのであり、他人がその対象をもはや欲望しなくなると、わたしたちもそれを愛することをやめることも多いらしい。

フランスの文芸評論家**ルネ・ジラール**（一九二三〜二〇一五）は「欲望は本質的に模倣的である」と断言し、「欲望は手本となる欲望から写し取られ、欲望はその手本と同じ対象を選び取るのである」[32]と指摘している。「主体は、競争者がそれを欲望するがゆえにその対象を欲望するのである。競争相手が何らかの対象を欲望することによって、主体にその対象を望ましいものとして指示するのである」[33]。主体はライバルから欲望の対象を教えられないかぎり、何を欲望すべきかを知らないということになる。というのも、「人間は、自分に欠けていると感じ、他の誰かが備えていると見えるものを欲望する」[34]存在だからだ。欲望は主体と欲望の対象との間で閉ざされた双数的な関係ではなく、第三者の欲望の対象を主体が欲望するという三角形の構造をそなえているのである。

このような人間の欲望の構造は、家族のうちで成長していく子供たちも捉えている。子供たちは成長していくと、さまざまなきっかけで、自分に欠けているもの、自分が欲望すべきものを教えられる。まず子供たちは母親との密接な関係において、自分の身体的な欠如を埋めてくれる存在である母親を欲望するようになる。これは自然ななりゆきである。しかし子供は母親との閉じた愛情関係を維持することはできない。弟や妹が闖入してきて母親の愛を奪い取る。それだけではなく母親には愛する相手が存在するのである。それが少年にとっては父親であり、父親は息子と母親との双数的な愛情関係を妨害するために、弟や妹が誕生する前から第三者としてすでに存在していたのである。

エディプス・コンプレックス

少年は母親との愛情関係を維持したいと願うために、父親の存在が邪魔になり、父親を亡き者にしたいと無意識のうちに願うだろう。しかし父親はこのような邪魔な闖入者としての存在のほかに、家庭において子供たちを守り、子供の母親を慈しむ存在としての顔もそなえている。少年にとって父親は邪魔な闖入者であると同時に、尊敬すべき理想的な存在でもある。少年は父親と同一化して、自分は父親のような存在になりたいと願うだろう。家庭のうちに少年は模倣すべき手本をつねに見つづけているのである（少女の場合には母親への愛がさらに複雑な形をとることになる）。

ジークムント・フロイト（一八五六〜一九三九）はこの模倣願望について、同一視という概念で説明している。「幼い男の子が自分の父親に特別な関心を抱くことがあるが、それは男の子が自分も父親と同じようなものでありたいとか、そのようなものになりたいとか、あらゆる点で父親の代わりになりたいと願う気持ちである。客観的に表現すれば、幼い男の子は父親を理想にしているのである」[35]。父親もまた少年に、自分のような存在になれと励ますことになるだろう。ところが父親は一つの点だけについては、少年が自分を模倣して、自分と同じような存在であることを禁じる。つまり、父親は少年が自分と同じように母親を妻として愛することを禁じるのである。そのため「男の子は母親を自分のものにしたいと願うが、それには父親が邪魔になることに気づくのである。男の子の父親との同一視は、このようにして敵意を帯びたものとなり[36]」始める。

こうして少年の母親への愛は、二重のものとなり、少年の父親への姿勢は愛情と憎悪のアンビヴァレンツに悩まされるものとなる。そして母親もまたかつての双数的な愛情の対象であった母と、父親の愛する女性としての妻という二重の意味を帯びた存在となる。

この状態において父親は少年に対して、「自分のようになれ」と命じると同時に、母親との関係だけについては、「自分のようになるな」と禁じるのである。これは予盾した命令に直面させられたダブルバインドの状況であり、子供は幼い頃からこうした緊張した心理状況に置かれつづける。これがエディプス・コンプレックスである。やがて少年は、母親との密接な愛情関係を維持することを放棄して、性的な欲望を抱くことも放棄することになる。そして思春期にいたって、かつての父親と同じような立場になって、母親とは違う女性を愛し、その女性をかつての母親を愛していた父親と同じような立場から愛することを学ぶのである。この愛によって男性は幼い男の子の頃の夢を実現するのである。もちろんいくらか異なる形においてではあるが。

このエディプス・コンプレックスの否定は二つの形式をとることに注意しておこう。フロイトは『自我とエス』においてエディプス・コンプレックスを二つの同一化のプロセスで説明している。父への同一化と母への同一化である。父への同一視の道は能動的で男性的な道と呼ばれ、母への同一視の道は受動的で女性的な道と呼ばれる。

第一の道において父に同一化した場合には、子供は父親の立場に立って、母親を愛することを望むのだが、この場所にすでに父親が存在している。子供はこの父親を亡き者とすることを望むのだが、現実がそれを許さない。父親は強く、父親を殺そうとするならば父親は子供を去勢してしまうだろうし、母親もまた子供ではなく、父親を愛しているからである。第二の道において母に同一化した場合には、少年は母親の立場に立って、父親から愛されようとする。この場合には少年は母親と同じ女性の地位に身を置き、「父に対して情愛のこもった女性的な態度をとり、これに対応して母には嫉妬と敵意のこもった態度をとる」[37]ことになるだろう。フロイトによるとこのどちらの姿勢をとるかは、少年のうちに存在する男性的な要素と女性的な要素のどちらが強いかによって決まることになるという。

自他の区別の画定

幼児においてこうした自己と他者の区別が明確になるのは、三歳頃とみられている。それを明確に示しているのは、この時期になってやっと子供は、「わたし」という言葉を自分を指すものとして使うことができるようになるという事実である。母親から「ぼく」とか「ぼくちゃん」と呼ばれていた少年は、自分のことを指すのに母親にならって「ぼく」とか「ぼくちゃん」と言うだろう。しかしその「ぼく」は呼び名であり、ある種の固有名詞のようなものとして使われている。それが誰も使える代名詞にすぎないことは認識されていないのである。「〈わたし〉という代名詞が本当にその完全な意味をもちうるのは、幼児がそれを自分個人を指す個性的指標として用いるときではなく、――つまりまったく彼個人だけを指し、他の誰をも指さない指標として用いるときではなく――自分の目の前にいるどの人もみなそれぞれに〈わたし〉と言うことができるし、その人たちはみな自分自身にとって〈わたし〉であり、他人から見れば〈お前〉なのだということを理解したときです[38]」とメルロ＝ポンティは説明している。

この認識が可能になるというのは、すごいことだと思う。そのとき少年は、他者が「ぼく」と言うとき、それは母親が少年を「ぼく」と呼ぶときの名前としての意味ではなく、自分自身を指す言葉であることを認識できるようになったということだからである。幼児がこれを理解したということは、「他人のパースペクティブとは区別される〈自分自身のパースペクティブ〉というものを自覚し、それらすべてを外的対象と区別[39]」することができるようになったということなのである。

「心の理論」

このような自己と他者の区別が完全に行われるようになっていることを確認する実験がある。それは一般に「心の理論」の実験と呼ばれている。この実験では対象となる子供たちに次のような問いが出される。太郎が台所の棚に入っていたお菓子を見つけて、こっそりと自分の部屋の戸棚に隠しておいて、それから遊びに出かけたとしよう。母親が太郎の部屋を片づけていて、太郎の隠したお菓子を見つけて台所に戻しておいたとしよう。やがて太郎が遊びから戻ってきて、隠しておいたお菓子を食べようとしたとする。さて、太郎はどこを探すだろうか。この問いに対して実験の対象とされた六歳までの子供たちであれば「台所の棚」と答えることが多いという。

問われた子供は、これまでの説明で、実際にお菓子があるのは台所の棚であることを知っているから、お菓子を探すには台所に行かなければならないことが分かっているので、そう答えるのである。しかし六歳を過ぎた子供たちなら、太郎の心のうちを考えることができるようになり、太郎がお菓子は自分の部屋の戸棚に入っていると信じていることを理解できるので、「太郎は自分の部屋の戸棚の中を探すだろう」と正しく答えることができるようになる。その場合には「その子供は一応〈心の理論〉をもっているといえる」[40]ことになる。

この「心の理論」は、子供が自分の感情について理解するというプロセスにおいても重要な役割を果たすとされている。子供が転んで膝をすりむいて痛くて泣いているとき、母親は「よしよし痛いね、薬をつけようね」と言うだろう。その母親の言葉によって子供は初めて自分のうちの痛みを表現する言葉として「痛い」という言葉があることを学ぶのである。これは子供の経験が初めて自覚的なものとなると同時に、ほかの人が「痛い」と言っていたことがどのようなことであるかを学ぶということである。母親に教えられて「学習がなされ、自己の行為が他者のものと本質的に同様のものとして客観化され、意識化される。さらに〈内的な状態を主観的、自覚的に経験する〉ということが、それを名指すことによって初めて可能に[41]」なると言えるだろう。

やがて子供は別の子供が転んで泣いていたときには、「痛いの?」と聞くようになるだろう。これは子供が他人に共感することができる場合に、その子供は自分のうちで痛みを感じなくても、転んだ子供の内的な感情を外的な振る舞いから理解することができるようになったことを意味する。「これは重大な逆転を示唆しています。つまり痛みという一見心の内側にあるように思われる経験内容ではなく、自分が痛い時の行動や他人が〈痛い〉時のその人の行動が先で、そこから内側の体験も輪郭づけられる[42]」ようになることを示しているのである。このように語れるようになった子供は、自己と他者を明確に区別しながら、しかも他者に共感することができるようになっているのである。

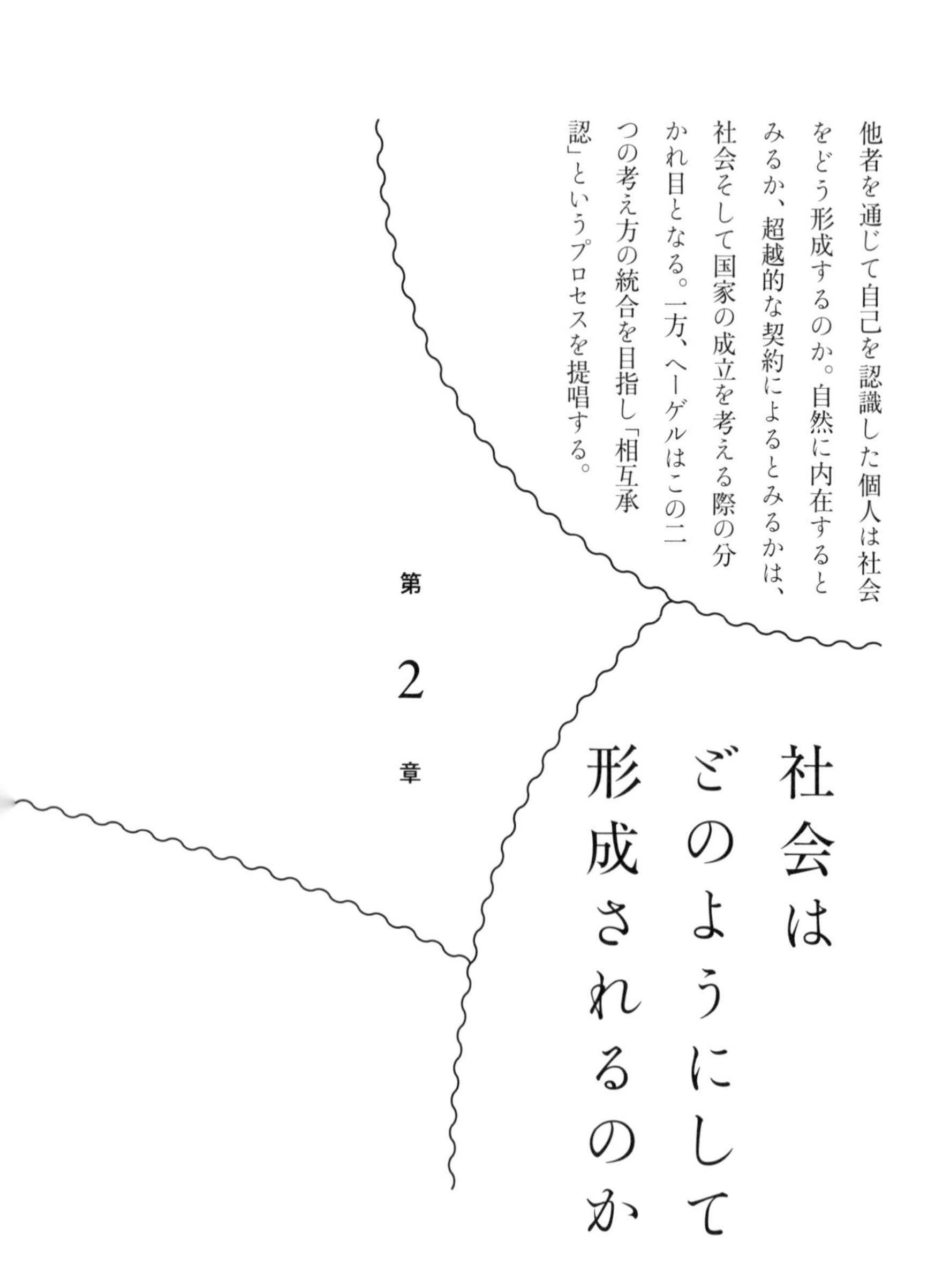

第2章 社会はどのようにして形成されるのか

他者を通じて自己を認識した個人は社会をどう形成するのか。自然に内在するとみるか、超越的な契約によるとみるかは、社会そして国家の成立を考える際の分かれ目となる。一方、ヘーゲルはこの二つの考え方の統合を目指し「相互承認」というプロセスを提唱する。

ゲオルク・ヴィルヘルム・フリードリヒ・ヘーゲル

Georg Wilhelm Friedrich Hegel
1770-1831

ドイツの哲学者。神学徒として出発するも、カント、フィヒテの影響とフランス革命への共感から哲学の道へ。40代半ばまで、新聞社の編集者や学校長などを務める。弁証法を軸に論理学、自然哲学、精神哲学を展開。巨大な哲学体系を構築した。主-奴論、相互承認論などは現代においても多大な影響を与える。

アリストテレス Aristotelēs B.C.384-B.C.322
古代ギリシアの哲学者。プラトンの弟子。人間の本性は「知を愛する」ことにあるとし、哲学から自然学まで網羅的に体系化、「万学の祖」とされる。後世に多大な影響を与えた、西洋最大の哲学者のひとり。

デイヴィッド・ヒューム David Hume 1711-1776
スコットランドのジェントリ（郷紳）の子。知識は経験に由来し、超越的なものは認識不可能であるという経験論の立場から懐疑主義を徹底。無神論として批判され、望んだ大学の職を得られなかった。アダム・スミスと親交があった。

トマス・アクィナス Thomas Aquinas 1225-1274
イタリアの神学者、哲学者。ドミニコ会所属。アリストテレス哲学とキリスト教思想の統合を試み教会の現世支配を理論化、スコラ哲学の完成者といわれる。主著は『神学大全』。近代の立憲君主制などの理論的支柱となった。

フーゴー・グロティウス Hugo／Huig de Grotius 1583-1645
オランダの法学者、神学者。ラテン語詩人、古典学者でもあった。30年戦争を機に『戦争と平和の法』を著し、国家や宗教の枠組みを超えた自然法に基づく国際法の基礎を提唱。「国際法の父」「自然法の父」と称される。► 3章

トマス・ホッブズ Thomas Hobbes 1588-1679
イングランド国教会の聖職者の子。清教徒革命前の1640年にフランスに亡命。万人が万人と争う自然状態から脱し、社会契約を軸に平和と安全を確立する政治共同体のあり方を模索した『リヴァイアサン』を著す。

ジョン・ロック John Locke 1632-1704
イングランドの清教徒の家に生まれる。知識は経験から得られ、人間は本来タブラ・ラサ（白紙）であるとする。王権神授説を否定し、公権力に対する個人の優位、政教分離を説き、アメリカ独立戦争、フランス革命にも影響を与える。

ニッコロ・マキアヴェリ Niccolò Machiavelli 1469-1527
イタリアの政治思想家。フィレンツェ共和国の外交官として活動するも反メディチ派の疑いで投獄され、隠棲生活を送るなか執筆した『君主論』は政治学の古典として今も読み継がれる。戯曲や詩、小説なども残した。

ハンナ・アレント Hannah Arendt 1906-1975

ドイツのユダヤ系家庭に生まれ、ハイデガーとヤスパースに師事。ナチス政権成立後、1933年にパリ、41年にアメリカへ亡命。20世紀の全体主義を生みだした大衆社会の思想的系譜を考察し、現代精神の危機を訴えた。► 3章

パウロ Παῦλος ?-60年頃

初期キリスト教の使徒。当初はユダヤ教徒としてキリスト教徒を迫害したが、回心し、ヘレニズム世界に伝道。「ローマの信徒への手紙」などの書簡を通し、キリスト教の理論化に貢献。ネロ帝治世下で殉教したとされる。

第三代シャフツベリ伯爵

Anthony Ashley-Cooper,3rd Earl of Shaftesbury 1801-1885

イギリスの道徳哲学者。道徳感覚学派の始祖。幼い頃、ロックに教育を受ける。思想の自由を主張し、その行き過ぎも人間の本性によって是正されるとした。「道徳感覚」は、宗教から独立してありえると主張した。

フランシス・ハチソン Francis Hutcheson 1694-1746

北アイルランド生まれ。シャフツベリ伯の考えを受け継ぎ、人間の心性には利他的傾向や正邪を判断する道徳感覚があると唱え、のちの功利主義者に影響を与えた。主著に『美および徳の観念の起源』などがある。

アントニオ・ネグリ Antonio Negri 1933-2023

イタリアの哲学者、政治活動家。1979年、テロ主導の嫌疑で逮捕・投獄され、83年フランス亡命。97年帰国し収監、2003年釈放。マイケル・ハートとの共著『〈帝国〉』でグローバル化の世界秩序の状態を〈帝国〉と捉えた。► 5章

マイケル・ハート Michael Hardt 1960-

アメリカ合衆国の哲学者、比較文学者。パリ第8大学で当時亡命中だったネグリに師事。師ネグリとの共著が多く、特に『〈帝国〉』が知られる。► 5章

アクセル・ホネット Axel Honneth 1949-

西ドイツ出身の哲学者。ユルゲン・ハーバーマスのもとで哲学を学ぶ。ヘーゲルの承認論を援用し、師ハーバーマスのコミュニケーション論を批判的に展開しつつ、現代社会を分析する著作で知られる。

第1節 社会構築の道筋

社会の構築の三つの道筋

わたしたちが社会を構築していくことができる道筋の一つとして、このように模倣と共感による他者とのごく自然な結びつきを考えることができる。この精神発達論の観点からは、子供の自我のうちにすでに他者を認識し、他者と同じ感じ方と考え方をする可能性がそなわっていることが確認されたのだった。このような他者との交流の結果として、わたしたちは他の人々とともに生活していけるようになると考えることができる。

わたしたちが他者とともに社会を形成していく道筋としては、このように人間に生まれつきそなわる性質によって社会を形成すると考える道筋と、これとは対照的に、独立した個人としての人間が何らかの目的をもって同じく独立した個人である他者とともに意図的に社会を樹立する道の二つが考えられているが、さらにこれを統合したものとして相互承認のプロセスが繰り返し展開されることで、社会が形成されるという理論も忘れず押さえておきたい。

まず考えておきたいのは、人間のうちには社会を形成する素質のようなものがあって、人間が社会を形成するのは自然なことであると考える伝統的な自然法の思想である。わたしたちは一人で生きることはできない。すでに家族や家族の集まりとしての共同体のうちに生まれるのである。これはホモ・サピエンスが登場する以前の原初的な人類のあり方からも確認できることである。人々は狼のように孤立して生きるのではなく、集団を作って生きていたのである。だから人間のうちには集団で生きる生まれつきの素質のようなものが存在していると考えるのは、ごく自然なことであった。古代ギリシアの**アリストテレス**（前三八四～前三二二）は、人間とはそもそもポリスを形成する生き物であると考えていたのであり、「人間は生まれつきポリス的な動物である」[01]と語っていた。人間にはその本性からして人々と集まって国家を形成する政治的な生き物であると考えたわけだ。

アリストテレスはギリシアの都市国家としてのポリスは「自然にあるということも、また各個人よりも先にあるということ」[02]は自明のことであると考えた。だから国家を形成しないで生きられるような人間は、人間よりも劣った野獣のような存在であるか、あるいは人間よりも優れた神のような存在であるに違いないと語ったほどである。「共同することのできない者か、あるいは自足しているので共同することを少しも必要としない者は決してポリスに属する者ではない。そのような人は野獣であるかさもなければ神である」[03]というのである。

　この考え方はキリスト教の伝統においてもごく当然のものとして受けとめられ、キリスト教の最大の神学者である中世のスコラ哲学者である**トマス・アクィナス**（一二二五頃～一二七四）は、アリストテレスのこの考え方を受け継いで、人間は社会的な動物であると主張していた。「人間は神についての真理を認識し、社会に生きていこうという自然的な傾向をもつ。この点において、かかる傾向にかかわるすべての行為の自然法のもとにはいる」[04]とごく当然のように語っていた。

　このように人間のうちに社会を形成する自然な傾向をみいだそうとする中世の自然法の思想は、近代の一七世紀にまで受け継がれた。オランダの自然法学者**フーゴー・グロティウス**（一五八三～一六四五）は、イギリスの哲学者**トマス・ホッブズ**の『リヴァイアサン』が刊行された一六五一年よりも二〇年ほど先立つ一六二五年に発表された『戦争と平和の法』において、人間には社会を作りだす欲望があると主張する。「人間に特有の行動のなかに、社会への欲望（アペティトゥス・ソキエタティス）が存する。しかしその社会というものは、種類を選ばぬものではなく、平和な、そして彼の知性の様態に従って同種の人間と共に組織する社会である」[05]というわけである。この社会への欲望は人間の本性であって、この本性から諸国家の法を超越する自然法が生まれるとされていた。「われわれに社会を欲求させる人間の本性そのものが、自然法の母である」[06]からである。

　グロティウスはこのように人間の本性には社会を構築するという自然の欲望があり、ここから自然法が生み出されると考えた。自然法は欲望の示すところを理性が命じたものである。「自然法は正しき理性(ラティオ)の命令(ディクタトゥム)である。自然法は、ある行為が、それが理性的かつ社会的な人間の本性に一致するか否かによって、道徳的低劣さをもつかあるいは道徳的必然性をもつか、したがってかくのごとき行為が、人間の本性の創造者たる神によって、禁じられるか、命令されるかを示すものである」[07]。このように考えるならば、社会を形成することは理性的な人間にとっては神の命令であることになる。

このような自然法の思想によれば、神によって創造された人間が、その社会的な本性によって、社会を形成することにいささかの疑問も抱かれないだろう。しかし近代の政治哲学の本筋を定めたホッブズによって、人間にはこのような社会を形成するような本性はそなわっていないことが明らかにされたのである。これは伝統的な政治哲学を根底から覆す思想だった。そして、近代の政治哲学と社会哲学は、人間はどうして社会を形成するのかということを、新たに生じた重要な難問として解明することを義務づけられたのであり、わたしたちのこの書物も、まずはこの問いに取り組もうとしているのである。

このようにして形成された近代の社会哲学には三つの道筋が考えられる。第一の道筋は、人間は生きていくために必要であるために意図して外的な共同体としての社会を形成するようになったと考える道筋であり、これは社会形成の超越的な道筋と考えることができるだろう。この道筋を代表するのが、近代の社会契約論の思想である。ここでこの道筋を最初に考察するのは、近代の政治哲学ではこの道筋が本流となってきたからである。

第二の道筋は、わたしたちは特段に契約のようなものを締結しなくても、人間に内在した素質によって自然に社会が形成されると考えるものである。これは、社会形成の内在的な道筋と呼ぶことができるだろう。これはアリストテレス以来の長い伝統をもつ思想的な潮流であり、近代までの自然法の思想はこの内在的な社会形成の思想に基づいている。ただし近代においては、この伝統的な自然法の思想ではなく、第一の道筋である社会契約論を批判することを目指して、新たな見地からこのような内在的な思想が展開された。とくにイギリスの経済学者**アダム・スミス**や同じくイギリスの哲学者**デイヴィッド・ヒューム**の社会思想によるところが大きい。

第三の道筋は、この二つの道筋を統合して、わたしたちが家庭において育つプロセスにおいてたがいに他者を人格として承認することによってみずからも一人の人格として承認されるのであり、この相互承認のプロセスの発展の結果として、他者と外的な共同体としての社会を形成するようになると考える理論がある。これはドイツの哲学者ヘーゲルが提起したユニークな思想であり、現代においても重要な思想的な力をそなえたものとして受け継がれている。

なお、社会契約論の理論的な枠組みにおいては、社会という概念と国家という概念がそれほど明確に区別されないことに注意されたい。ホッブズが契約によって「社会状態」を作りだすというとき、この社会は現代的な文脈では国家を意味している。人々が集まって暮らす状態をわたしたちはふつうは「社会」と呼ぶが、ホッブズの理論ではわたしたちがこのように「社会」と呼ぶ状態は、人々がたがいに争いあう「自然状態」なのである。社会契約論で初めて提起されたこの「自然状態」という仮想的な状態が、この理論の軸となるのであり、この自然状態を解消して作られるのが社会なのである。そしてこの社会を構築するために契約を結び、法を定めるのであるから、この社会は実際には国家に等しいのである。

第2節 社会契約論の道筋

ホッブズの社会契約

この第一の道筋である社会契約の理論を初めて明確な形で提示したのが、ホッブズの政治哲学である。ホッブズは伝統的な自然法の内在的な道筋の思想を明確に克服して、社会契約論を提起することによって、近代の政治哲学と社会哲学の地平を切り開いたのだった。ホッブズはそれまでの自然法の思想を批判して、人間のうちには社会を形成するような自然の傾向のようなものは存在しないと考えた。人間は獣たちと同じように、自己保存の本能によって生きている生き物であり、獣たちと同じように自分の欲望に従って意志し、行動する。人間は自分にとって快をもたらすものを善と呼び、これを欲望し、不快をもたらすものを悪と呼び、これを嫌悪する。これがホッブズの人間性についての基本的な観点である。人間を欲望にしたがう動物として、すなわち快と不快の感情によって動かされる動物として定義したこと、これが政治哲学におけるホッブズの重要な貢献である。

この考え方によると、道徳的な善と悪もまた普遍的なものではなく、個人によって異なることになる。酒を愛して甘いものを好まない人は酒を欲して、酒を手に入れることは善であると考え、甘いものを手に入れることには無関心だろう。ところが酒を飲まないで甘いものを好む人は、甘いものを手に入れることは善であると考え、これを欲求するだろうが、酒を手に入れることには無関心だろう。だから善と悪は人によって異なるものであって、徳と悪徳も人によって異なることになる。「善と悪とは、わたしたちの欲求と嫌悪を表す名称である。それは、気質・習慣・主義が異なればおのずと異なったものとなる。しかも、人間は十人十色であり、味覚・嗅覚・聴覚・触覚・視覚において何を快く感じ、何を不快に感じるかは、人により判断が異なる」[08]のである。これは人間をありのままにみようとした**ニッコロ・マキアヴェリ**（一四六九〜一五二七）の視点を受け継ぎながら、善と悪についての伝統的な道徳観を根本から覆す根源的な思想的転換であった。

しかしこのように人々の欲望するものは異なる場合もあるが、その多くは同じものである。酒が好きな人は、希少な酒を求めて同じく酒好きな人々と争うことになるし、甘いものが好きな人は希少な甘いものを求めて同じく甘党の人々と争うことになる。そうなると「ふたりの者が同一のものを欲しながら、それを共有できない場合、両者は互いに敵となる。そして、主として自己保存（場合によってはもっぱら快楽）を目的とし、そうした目的を達成する過程で相手を撲滅または征圧しようと努める」[09]ようになるだろう。こうして人々の集まりである原初的な社会では、つねに自分の欲望を満たそうとする争いが発生し、そうした競争と相克を解決する機構が存在しないかぎり、人々はたがいに他者を殺してでも自分の欲望を満たそうとするだろう。ホッブズはこれを戦争状態と呼んだ。「だれをも畏怖させるような共通の権力を欠いたまま生活している限り、人間は、戦争と呼ばれる状態、すなわち万人が万人を敵とする闘争状態から抜け出せない」[10]とホッブズは指摘する。すべての人間は他の人間にとって狼のような危険な存在である。「万人が万人の狼」――これがホッブズの考える自然状態であり、この自然状態からは戦争が発生するのは避けられない。

　この状態はすべての人にとってつねに自分の生命と財産が脅かされるという危険な状態であり、人々はこのような状態は耐え難いと考えて、集まってこのような自然状態を廃止して、「社会状態（シビル・ステート）」を作りだそうとせざるをえないとホッブズは指摘する。このような戦争状態としての「人間の生活は、孤独で、粗末で、不潔で、野蛮なものとなる。寿命は短くなる」[11]からである。こうして人々は社会状態を作りだすために社会契約を締結して、自然状態においては認められていた自己保存のために他者を害する自然の権利を、社会の外部にある第三者に譲渡する。これが国家の設立である。ところが国家を設立した人々は、国家に自己防衛のための自然権を譲渡してしまったので、国家の命令には完全に服従しなければならないし、ひとたび樹立した国家を廃止することもできない。ここにホッブズの構想における重要な問題点があり、その後の社会契約の理論はこの問題点を改善しようと努めることになる。

このように人間を誰もが自分の欲望を満たそうとする存在であるとみなすホッブズの考え方は、それまでの人間観を一新するものだった。この観点から見るならば、個人的な差異のようなものは意味をなさず、誰もが小さなエゴイストとして他人の所有するものを欲しがる存在であると想定されている。しかしこのような万人が万人にとって狼であるような自然状態では、人間の生きる日々は戦いの連続になってしまうだろう。そこで人々は集まって、エゴイストとして他者を害する行為をなすことを禁じるために、国家を設立しようとしたのだと考えたわけである。国家を設立するのは契約という行為によるが、この契約を締結するのも、自己の利益を防衛するためのエゴイズムの行為である。そして社会の秩序を維持するというこの契約に違反する者に罰を与えるのが国家の支配者であり、これは市民たちとは異質な独立した第三者でなければならないと考えるのである。ここでは国家を樹立する個人は、誰もが自分の欲望を満たそうとする独立の存在であることが前提になっている。

ロックの市民政府論

このホッブズの理論は近代の政治哲学の地平となり、その後のすべての政治哲学はこの理論を前提として構築される。人間は欲望の塊であり、誰もがそれを実現しようとする存在であることは基本的に疑いようのないこととされたのである。この理論を受け継いだイギリスの哲学者**ジョン・ロック**（一六三二～一七〇四）は、ホッブズと同じく、自己の欲望を実現しようとする個人が集まって市民政府を樹立すると考える。ただしホッブズの理論に対してロックは次の四点で異議を申し立てる。

第一に、自然状態がすぐさま「万人が万人の狼」であるような戦争状態であると考えるのは間違いであり、原初的な社会は平和な状態であったはずだと考える。社会の内部でたがいに戦争を始めても誰の利益にもならないのは、すぐに分かるはずのことだと考えるからである。そのような他人の所有を侵害するのは得策ではないことは考えてみればすぐに明らかになるので、自然状態にあっては人々は他人の所有を侵害しようとせずに、平和に暮らしていくことができたはずであると、ロックは主張した。

第二に、このような自然の状態において平和が維持される理由は、人々の所有権というものは、それぞれの人の労働によって生まれたものであるから、誰にも納得のできるものであるはずだと考えた。人々の所有の権利が労働にあるとすることで、ホッブズの理論では自明のものとされていた所有の起源と権利を明確に定めたのである。ホッブズの社会契約論では、人々が他人の所有物を奪おうとするのは当然のこととみなされていたが、そこでは所有がどのようにして生まれるかについての考察が行われていなかった。

ロックは人間は誰もが、生存するためには労働しなければならないと考えた。自然は豊穣であるから、野山には果実を実らせる樹木がたくさんあり、その樹木から実を収穫するという労働を行った者は、自分で収穫した果実に対してある種の権利をもつようになるはずだと考えた。

そして誰もが自分の身体で労働しなければならないのだから、各人の労働の産物は各人の所有物として認められなければならないということは、心理的にもごく自然な結論であると考えられたのである。

この所有権の理論が認められると、その考え方をさらに拡張して、果樹を育てて果実を収穫した人や、畑を耕して穀物を栽培した人は、その果樹などの畑の産物を自分のものとして認められるべきであると考えることができる。さらにこうした産物をたがいに交換して獲得したものもまた、その人の所有物として認められるべきだということになるだろう。人々が自分の労働の産物を交換することで誰もが豊かになり、そのようにして社会と文明が発達するとロックは考えたわけだ。

このようにロックの自然状態は平和な状態として想定されている。しかし争いというものはつねに発生する。所有物の権利というものはそれほど自明なものでも、簡単に決められるものでもない。共同で狩りをした場合の獲物は一人の所有するものではなく、共同の所有物であり、それを分配する必要があるだろう。その時には争いが起こるだろう。さらに重要なのは意図して他人の所有を侵害する者が必ず登場することだ。この場合にはその違反者を罰しなければならない。自分の所有を保護するのは人間に認められた自然の権利であり、これを罰することは侵害された者にとっては当然の権利である。「各人は犯罪者を処罰し、かつ自然法の執行者になる権利を有する」[12]のである。これは「人を殺した者を殺す権力」[13]にまでいたる。これはすべての人に認められた権利である。

ところがこの権利が過剰に行使された場合には、犯罪者もまた被害者になるのであり、犯罪者にもこれに反撃する権利が生まれるだろう。また被害者が同時に裁判官となる場合には、公正な裁きは期待できないだろう。この場合には当事者は戦さを始めることになり、この戦さを解決する手段は殺し合いしかなくなるだろう。それではホッブズの「万人は万人の狼」という戦争状態が再現されてしまうことになる。これを防ぐために、そして何よりも人々は自分の所有と安全を維持するために、こうした争いを調停する機関を必要とするだろう。それが市民政府であり、市民政府を設立することで戦争状態の発生を防ぐことができるとロックは主張した。

第三にホッブズと違ってロックの市民政府は、市民の外部に存在する第三者が権力を行使する機関ではなく、市民たちが参加して作りだす自治的な組織である。政府の当事者はたんに市民が統治をゆだねた人々にすぎず、市民と同格の自由で平等である人々が統治するにすぎない。この統治者の集団に対して人々は自然状態と同じような監視と処罰の権利を保有しつづけている。ホッブズでは外部の第三者の権力機関の行動を掣肘(せいちゅう)する権力も機関も存在しなかったが、市民たちが自治のための政府を作りだすのであれば、政府の行動を監督するのも市民の役割になるだろう。

第四にホッブズとは違って、市民政府を樹立した人々は、自己を防衛する自然権を放棄していない。だからこそ、支配者が他者の自由と平等を犯していると判断された場合には、これに抵抗することが許される。このように自分の身体を使った労働によって財産の所有を認められた平等で自由な個人が政府を樹立すると考えるロックの社会契約論は、そののちにアメリカの独立宣言に取り入れられ、国家の正当性の理論の一つとして現代においても生きていると言えるだろう。わたしたちもまた国家は、市民の財産と安全を守るために作られた機関であると考えているのである。

ロックの理論でとくに重要なのは、人々は誰もが自分の財産を所有する根源的な権利を所有していると考えたこと、そしてこの権利が生まれるのはそれぞれの人が自分の身体を使って労働したことによると考えたことにある。労働による財産の形成とそれを保護する権利、これがロックの提示した社会契約の理論の根幹にあり、この考え方はわたしたちにしっかりと受け継がれている。広い意味では、古代に**パウロ**（？～六〇頃）がすでに明言しているように、「働かざる者、食うべからず」であり、わたしたちは自分の労働によって社会に貢献し、それによって社会の一員としての地位を認められる。わたしたちが労働するのは基本的に、このようにして自分の生きる社会に貢献し、その一員として認められたいためだろう。

ルソーの社会契約論

この社会契約論の伝統を仕上げたのがルソーだった。ルソーもまたホッブズの社会契約論を受け継ぎながらも、ロックとは異なる視点からホッブズを批判しながら理論を構築する。まずルソーはホッブズの自然状態の理論は、それが戦争状態であると想定されているが、これはすでに資本主義の社会であった当時のイギリス社会の状態を自然な状態と読み込むという錯誤を

ジャン＝ジャック・ルソー

Jean-Jacques Rousseau
1712-1778

ジュネーブの時計職人の子として生まれる。放浪生活の後、さまざまな仕事を試みるが、1750年『学問芸術論』がアカデミーの懸賞論文に入賞、自由と平等をテーマに著作活動を始める。『人間不平等起源論』『社会契約論』では、人民に主権があると主張し、フランス革命を導くこととなった。► 3章・6章

犯していると考えた。原初の状態では人間は野生の動物と同じように独立して自由な状態で生きていたのであり、自然にたわわに実る果実などを集めるだけで十分な独立した安楽な生活をすることができたに違いないと考える。そしてロックと違って、野生の人間には所有という概念がないために、国家を樹立する必要はなかったはずだと考える。

しかし人間はこのような野生の状態から離脱して文明の状態にはいる。この文明の状態において初めて人間は自由と独立を喪失するが、その代償として異性と家族を作り、技術を発展させ、文明を進展させる。ルソーはこうしてホッブズやロックにはみられなかった人間の文明史的な考察を、社会契約にいたるまでの歴史的な考察として展開するのである。

このような文明の歴史においてはしかし、人間が原初の独立と平等な状態を喪失して、不平等と隷属に苦しむ状態を作りだすことになる。人間の歴史はこのような不平等と隷属の歴史なのである。少数の支配者のもとでこのような隷属に苦しむ人間はやがて革命を起こして新たな自由で平等な社会を作りだすことを目指すだろう。この社会革命の課題は、「どうすれば共同の力のすべてをもって、それぞれの成員の人格と財産を守り、保護できる結合の形式をみいだすことができるだろうか。この結合において、各人はすべての人々と結びつきながら、しかも自分にしか服従せず、それ以前と同じように自由でありつづけることができなければならない[14]」ということにある。

人々はその手段として、自由をひとたび共同体に譲渡することで、新たな自由を獲得するという社会契約を締結することを決意する。この社会はロックの社会と同じように、財産と安全を保護するためのものであるが、何よりも人々の自由を保護するためのものである。この社会では人々は自分の所有と安全を守る自然権を放棄しておらず、社会の統治者はこれを保護するために雇われた役人のようなものである。支配者たちがその自然権に反する行為をする場合には、定期的に開催される人民集会において支配者を罷免すればよいのであり、場合によっては政体を変革することもできるだろう。

ロックの場合には市民は統治者に抵抗する権利を維持していたが、ルソーの場合には市民はたんに人民集会で支配者に不信任投票をすればよいのであり、抵抗権というものをことさら定めておく必要はないと考える。これは社会契約を締結する前に行われた革命をふたたび実行するということである。ロックは人々には支配者に抵抗する権利があると考えたが、ルソーは不正な支配を行う社会では社会体制を変革する革命を起こすべきだと考える。

このようにロックの思想は、アメリカの植民地が税金を支払いながらもイギリス政府の統治に参加することを拒まれている状態に抵抗する独立戦争を始めるための思想的な根拠となり、ルソーの思想は人民を支配する支配者の支配権を否定するフランス革命の思想的な根拠となったと考えることができる。日本の明治維新の後の民権運動はルソーの革命の思想に大きな影響を受けており、現代の民主主義はロックの理論とその延長線上にある代議制民主主義の理論のもとにある。わたしたちは今でもルソーやロックの思想の恩恵をこうむっているのである。

社会契約論の問題点

このように社会契約論は近代の民主主義の政治的な原理として活用されてきた。わたしたちはある程度はこの社会契約論に似た考え方をしているのである。しかし社会契約論は二つの問題点を抱えていた。まずこの理論は「契約」という虚構を採用していることが、同時代の人々からも指摘されていた。実際にこのような「契約」を締結したという歴史的な証拠はほとんどないからである。例外と言えるのは、アメリカ植民地に向かう船の中で合意された「メイフラワー誓約」を挙げることができるくらいだろう。

この誓約では「神の栄光のため、キリスト教信仰の発展のため、われらの国王と祖国の名誉のために、ヴァージニアの北部地方における最初の植民地を創設するがゆえに、航海を企て、この証書により、神の御前とわれらの前において、厳粛に、相互に契約し、団結して、政治団体を作り、これをもって、われらのよりよき秩序と安全のため、かつ、上に掲げた目的の遂行のため、植民地全体の利益のため、最もふさわしく、都合がよいと思われるときに、随時、正しく、平等なる法律、条例、法令、規約、公職を決定し、制定し、作成するために、われらはすべてこれらに対し当然の服従と従順を約束する」[15]と定めたのである。この誓約に署名した四一人の人々は、「厳粛に、相互に契約し、団結して、政治団体を作り」、すなわち政治的な社会を設立するという契約を締結したと言えるだろう。

しかしこの例外を除くと、現代に生きるわたしたちにも、その当時の一七世紀の人々にも、そのような明示的な契約を締結したという記憶も、記録文書も残っていない。そして社会契約論を主唱した人々も、これが虚構であることを認めていた。政治社会を設立するためのある種の「心構え」のようなものだと主張したのである。そこにつねにこの理論が反論される余地が残っていた。

第二の、そして最大の問題点は、この理論は「主権」という概念を軸としているということである。ホッブズは主権は第三者にあると主張し、ロックは市民たちが設立した政府にあると主張し、ルソーは人民のうちに主権が存在し、政府は人民に統治を委託された役人のような存在にすぎないと主張した。しかしどの理論でも、統治の主権がどこにあるかの違いはあっても、誰が主権をもつかが、重要な意味をもっていた。

しかしこの主権という概念は、市民社会成立の由来と統治の権利を、主権者がその他の人々を支配するという観点から考えようとするものである。この支配する権利としての主権という概念が維持されるかぎり、国家における権力の構造は変わらないままだろう。フランス革命は、君主の主権的な権力を人民の主権的な権力で置き換えようとした。しかし国家の統治が主権という権力の概念で考えられていることに変わりはないのであり、支配構造はそのままで維持されることになる。アメリカに亡命したドイツ生まれの政治思想家**ハンナ・アレント**（一九〇六～一九七五）が語るように、「人間事象の領域においては、主権と暴政（ティラニー）とは同一のものである」[16]とも言えるのである。

そしてルソーの国家においては、「汝(なんじ)は国家のために死なねばならぬ」と命じられたときには「市民は死ななければならない」[17]とされていた。市民は自分の生命を守るために国家を設立したのだが、市民の生命は「国家からの条件つきの贈物」[18]にすぎないのである。

このためこのような社会契約論によらない政治社会の形成の原理が模索されるようになった。わたしたちは生まれたときから集団のうちに生き、政治社会のうちに生きている。社会契約を締結することによって、社会には大きな変動が発生したはずであるが、わたしたちには社会契約を締結したという記憶も、この契約によってそれ以前の社会とその後の社会との間に革命的な変化が発生したという記憶も、残っていないのである。この点に注目したのが、イギリスのスコットランド啓蒙の思想家たちだった。彼らは社会を支配する主権を実現する社会契約によらずに、社会を形成する道筋を模索したのである。これが近代における内在的な社会形成の理論である。

第3節 内在論の道筋

シャフツベリとハチソンの道徳感情説

こうした内在的な社会形成の理論の前提となったのは、人間には道徳性を感得する器官のようなものがそなわっていると考える道徳感覚論である。ロックと親しかった**第三代シャフツベリ伯爵アントニー・アシュリー＝クーパー**（一六七一～一七一三）は、人間には善をなす自然の傾向があると考えた。ホッブズの考えとは対照的に、人間には他者を害してでも自分の欲望を満たそうとする悪をなす傾向があるのではなく、悪徳を憎む自然の傾向があり、それは説明困難なもの、根源的なものであると想定されていた。人間には道徳的な感情が生まれつきそなわっていると考えたのだった。

シャフツベリはこの道徳的な感情は、人間には誰でもそなわっているとみられる美を感じる感情と同じ源泉から生まれたものであり、「美的知覚と道徳的知覚は事実上同じものであり、それが適用される対象だけが異なる」[19]のだと考えた。だから美的な感覚を培うことは、道徳的な感覚を培うことと等しくなる。

この考え方を受け継いだ**フランシス・ハチスン**（一六九四〜一七四六）は、著書『美と徳の観念の起源』において、人間には視覚と聴覚という外的な感覚の知覚があるのと同じように、内的な感覚として「美と調和の観念」を知覚する感覚があると考えた。「美と調和の観念は、他の感覚的な観念と同じく、直接的にわたしたちに快いとともに必然的にもそうである。わたしたち自身のどんな決心も、有利不利のどんな予想も、対象の美醜を変えることはできない」[20]というのである。

ハチスンはさらにこの道徳的な感覚は、視覚や聴覚などの外的な感覚とは異なる種類の内的な感覚であることを指摘する。それは自然的な善や悪の観念とは別のものであり、個人の利害からは独立したものであること、そして個人のうちで働くと同時に、公共の福祉の向上に役立つことを主張する。このように道徳性が人間のうちに生得的にそなわっていると考える道徳感情説は、人間には社会を構成する自然な傾向がそなわっていると考えることにおいては、近代以前の自然法の思想と似たところがあるが、この道徳感情説を受け継ぐ形で、人間の心に内在する共感という性質に基づいて、社会が形成されると考える新しい思想が誕生した。この思想は、古典古代の時代からの自然法において前提とされていた人間の社会的な本性という考え方とは明確に異なるものであり、ホッブズの切り開いた政治哲学の土俵において、この社会契約論を批判しながら、人間がなぜ社会を形成するのかという問いに、人間の社会的な本性によらずに、しかも内在的に社会を形成する道筋を探ろうとする困難な道だった。

ヒュームの共感の理論

デイヴィッド・ヒュームは、他者を「わたし」の外部にわたしとは無縁に存在する客体のようなものと想定するのではなく、他者とわたしのあいだでごく自然に、音が鳴り響くようにして共感が成立すると考えた。わたしたちは日常の生活において、他者と共感するという事実をつねに経験している。この他者との共感という事実に依拠して、どのようにして社会的な絆が成立するかを問おうとするのである。

ヒュームにとっては共感はごく自然に生まれるものである。それは二つの弦楽器の弦を調弦しておいて、片方の楽器を鳴らすと、残りの一つの楽器も鳴り始めるようなものである。この楽器の共鳴と同じように、「すべての情念は、一人の人物から他の人物へ即座に移って、すべての人間に対応した運動を生む」[21]と考えた。これが可能になるのは人間の身体と情念の構造が、誰でも同じものであるからだ。「一切の人間のあいだには大きな類似が自然に保存されている。他人のうちに認められるいかなる情緒ないし原理にせよ、われわれ自身のうちに何らかの程度で同類をみいだすことができないようなものは、決してない。これは明らかである。この点は身体の仕組みも心の仕組みも同じである。部分の形態や大きさがどれほど異なっていても、構造や構成は概して同じである」[22]からだ。

わたしたちは他人の苦しみや喜びを目撃すると、同じ強さで調弦された弦楽器のように、同じ苦しみや喜びで鳴り始めるのだという。これは人間の心の構造の同質性によって生まれるものであるが、同時に、さまざまな人間のあいだの同質性を確保するものでもある。人間は誰もが同じ身体と精神の構造をそなえているからこそ、他者の情念に共感することができるのであり、他者の情念に共感することができるからこそ、人間がたがいに他者を理解しあい、他者とともに共同体を形成することができるのである。

ヒュームはこの共感の事実に基づきながら、わたしたちの身体の構造の同一性という根拠から、人間が社会を形成することを主張する。ヒュームは社会契約論は虚構であることを主張し、そのような虚構なしで、社会は自然に共感のうちで形成されるはずだと考えた。わたしたちはいわば生まれたときから、社会のうちに生まれ落ちているからである。ヒュームのこの理論は、社会の内在的な成立のメカニズムを、共感という概念から説明しようとするものだ。

共感しやすい二つの条件

このヒュームの共感のメカニズムは、きわめて受動的なものであることに注目しよう。共感する主体の側には何も求められない。弦が自然に共鳴するように、わたしたちの心は他者の感情に共感してしまうとされている。ただし共感を生み出しやすい条件というものがある。第一の条件は類似である。同じ国土を共有し、同じ言葉を共有する人々のあいだでは、異邦の人々とのあいだよりも、共感が生まれやすいだろう。「人性の一般的な類似に加えて、われわれの挙動や性格や、さらにまた国土や言語に特異な相似があるとき、その相似は共感を促進する」[23]のである。

第二の条件は接近である。遠い場所にいる人々よりも、身近な人々に共感を抱きがちなものである。「他人の心持ちはその人がわれわれから遠く隔たっているとき、ほとんど影響がない。この心持ちを完璧に伝達するには接近関係が要求される」[24]。もちろんこの接近関係は物理的なものである必要はなく、メディアを通じた仮想的なものであってもよいことは、最近のマスメディアの発達が教えてくれたことである。目で見ることのできない身近な隣の町の惨事よりも、まざまざと惨状を伝える遠国の惨事のほうに、共感してしまうことだってあるだろう。近さの意味が変わってきているのだ。

ヒュームのこの共感の理論は、社会がすでに成立している場から、その成立の理由を探るという性格が強いことに注意しよう。ヒュームは善なる行いは人間の共感を獲得するものであり、それが人間が善なる行為を是認し、尊重する根拠となると語っている。「われわれ自身の利害や友人の利害にかかわりない社会的善福は、ただ共感によってのみ快感を与える。したがって共感こそ、あらゆる人為的な徳にたいしてわれわれが払う敬意の源泉である道理になる」[25]というのである。社会の秩序は、人々の善なる行為によって支えられている。そしてこのような善なる行為は、人々から尊敬されるために行われる。このような人々の尊敬は、そうした行為に対する人々の共感によって生まれる。だから社会を支えているのは、人々が善なる行為に対して共感を抱くからであるということになる。

ホッブズやロックの社会契約論では、社会のうちで個人は他人の善行に対して尊敬の念を抱くかどうかはまったく問題にされていなかった。自分の身体と安全の確保のために社会を樹立する必要があるのであり、個人としては他人の不幸が自分に利益をもたらすのであれば、そのような不幸を願ってもかまわないのである。しかしヒュームは他者の不幸に苦痛を感じ、他者の善なる行為に尊敬を感じる人間の感情こそが、社会そのものを支えるものと考えるのである。ヒュームはホッブズやロックの社会哲学に、人間の感情による裏付けを示したと考えることができるだろう。しかしこうしたヒュームの共感の哲学は、人間が社会の秩序を作りだす原理にまでは達していないと言えるだろう。このような原理を作りだそうとしたのが、ヒュームと親しい関係にあったアダム・スミスだった。

アダム・スミスの道徳感情論とヒュームの理論の違い

ヒュームの共感の理論はこのように、あくまでも人間の身体的な構造の同一性に依拠したものだった。ヒュームはこの共感の理論に基づいて、道徳の理論を構築したが、これは効用と快感の共感に基づくものだった。他者の道徳的な行動をみると共感が生まれて、自愛の情念が抑えられる。誰もが他者の立場に立つことによって、他者の快感を共感できるからだというのがヒュームの考え方だった。それは感情の伝達によって道徳を説明するものであり、ヒュームは契約や契約の根拠となる理性の働きを排除することで、社会の秩序の働きについて説明しようとしたのだ。

ところがアダム・スミスの共感の理論では、弦が自然に共鳴するような受動的なものではなく、理性による状況と原因の理解という能動的な要素が重要な役割を果たしている。スミスは他者の苦悩に共感することができるためには、他者の置かれている状況と苦悩の原因を、理性によって理解できなければならないと考える。スミスはヒュームの体系は道徳的な諸感情の起源を説明するために、「徳を効用のうちにおき、なにかの資質の効用を観察者がしらべるさいの喜びを、それによって作用をうける人々の幸福への同感から説明する体系」[26]にすぎないと指摘している。ヒュームの体系は社会の秩序の成立のメカニズムを探る体系ではなく、「われわれがよく工夫された機械を是認するさいの原理」[27]のようなものにすぎないのであり、社会の秩序がどうしてうまく機能しているかを解明しようとするにすぎないと批判するのである。そして共感という感情ではなく、他者の立場に立つ中立的な観察者の立場が生まれないかぎり、社会の秩序を作りだす原理は明らかにならないと考える。

具体的に考えてみよう。ヒュームは他者の苦悩の表情を見ると、それが伝染するように伝わって、見ている者のうちにも苦悩の感情が生まれると考える。しかしスミスは苦悩の表情を目撃するだけでは決して共感の原理は働かず、見ている者のうちに苦悩が生まれることはないと

アダム・スミス

Adam Smith

1723-1790

スコットランドの港町に生まれる。大学教授の職を辞し、家庭教師としてフランス滞在中、同時代の思想家と広く交流。とくにヒュームと親交が深かった。共感を社会構成の軸に据えた『道徳感情論』の後に富の源泉を労働に求め、経済を体系的に論じた『国富論』を著し、経済学の父と呼ばれる。

考える。「他人の悲嘆や歓喜にたいするわれわれの同感(シンパシー)でさえも、われわれがそのいずれかの原因について知らされるまではつねにきわめて不完全である」[28]というのである。

街路で見かけた知人が悲痛な顔をしていたとしよう。そのときわたしたちはすぐに共感して悲痛を感じるだろうか。それよりも「どうしたのですか」と尋ねるのではないだろうか。スミスは「受難者の苦悩以外のなにものも表現しない一般的な嘆き」[29]は共感を作りだすよりも、「かれに同感しようといういくらかの気持ちとともに、むしろ彼の境遇を調べようとする好奇心を作りだす」[30]と指摘する。

ここでは苦しむ人の抱く情念はそのままでは伝達されず、その悲痛の原因を調べようとする精神の働きを媒介して初めて伝えられる。もしもわたしたちの友人が悲痛な顔をしていて、その理由を尋ねると、「父が亡くなったのです」と答えたならば、わたしたちは深い追悼の意を表明するとともに、その人と同じような心の痛みを自分のうちに感じるだろう。わたしたちもまた何かの折にそのような喪失を経験したことがあるからである。そうした他者の苦しみへの「同感はその情念を考慮してよりも、その情念をかきたてる境遇を考慮して起こる」[31]のである。このように理性による能動の働きを想定することで、スミスの共感の理論は、他者の立場から自分の立場を眺めるという理性の働きを取り入れることができたのである。

スミスにおける共感の発生メカニズム

それではスミスはこうした共感は、どのようなメカニズムで発生すると考えているだろうか。このメカニズムをスミスは情念の観察者の抱く共感と、受難者における共感という二つの側面から考察する。そのどちらも社会における道徳の形成に重要な役割を果たすのである。

まず情念の観察者としての共感を考えてみよう。ある人が苦しんでいるのを眺めるとしよう。すでに述べたようにそこで働くのはまず好奇心であり、その苦しみの原因と境遇を理解しようとするだろう。聖杯伝説のパルジファルは魔術の呪いで、血を流す王の前につれてこられるが、「その怪我はどうなさったのですか」という呪いを解く言葉を口にできなかったために、無用の者として追い払われる。苦しみを示す者に対してその境遇を問わないことは、相手の苦悩に共感するつもりがないことを示すにひとしいのだ。

そもそも不運にあっている人々は、その苦痛を共感してもらうことを望んでいるとスミスは考える。「不運な人々は、かれらの悲哀の原因を伝達できる人物をみつけたときに、どんなにほっとするだろうか。彼らは彼の同感によって、自分たちの困苦の重荷の一部を軽減されるようにみえる」[32]のである。

そして観察者の側もまた、たんに相手の苦痛に同情するだけではなく、その由来について想像力を働かせることが求められる。相手の境遇を知らされた後に、「彼としてできるかぎり、彼自身を相手の境遇におき、受難者にたいしておこる可能性のある困苦のあらゆる細かな事情を彼自身ではっきりと考えるように、努めなければならない。彼は相手のあらゆる事情を、そのもっとも細かな付随物のすべてとともに、とりいれなければならないし、彼の同感の基礎である想像上の境遇の交換を、できるだけ完全なものとするように努力しなければならない[33]」のである。この想像の能力が、社会における道徳性の基礎となるのである。

ただしここでヒュームが述べたような共感の原理の限界が生じる。受難者は相手が同じ強さの情念をもって共感してくれることを望むものだが、そのような強さが実現されることはなかなかない。あくまでもそれは他者において発生した不幸であり、受難であるからだ。「観察者の情動はなお、受難者によって感じられる激しさにおよばない[34]」ことが多いのは当然のことだろう。

さらに共感を抱いたとしても、それは持続するものではない。その「同感の基礎である想像上の境遇の交換は瞬間的なものにすぎない[35]」のである。さらに受難しているのが自分ではないという安心感が生まれることも、情念の強さを和らげる。「かれら自身は安全だという考え、かれら自身はじっさいには受難者ではないのだという考えが、たえず彼らの邪魔をする[36]」のだ。

これらの要素が、観察者からの共感の限界を作りだす。観察者は、相手の苦難に共感を抱き、相手の悲哀を分かちあって、少しでもその辛さを軽減しようとする。それが社会的な関係の土台である。しかしそこではさらに別の判断も働くのである。それが適宜性の判断である。父親を亡くした若者がその悲哀を嘆くとき、われわれは相手の悲痛に心から共感し、同情するだろう。自分自身もあるいは経験し、あるいはこれから経験する悲痛な出来事であり、想像力を働かせるだけで、相手の気持ちを感じることができるからだ。

しかしそれが庭にきた雀を猫が襲って殺したことに対する大袈裟な悲哀だったらどうだろう。まだしもペット・ロスに悩む人には共感できても、雀の死に父の死と同じような悲哀を示す人がいたとしたら、あまり共感は生まれないかもしれない。「彼が寵愛するものの値打はそれほど大きくはなく、彼の悲運はそれほど恐るべきものではなく、彼がうけた挑発はそれほど異常ではなく、そのようにはげしい情念を正当化するほどではない[37]」と考えるに違いない。そのような激しい情念は不釣り合いであり、不適合なのである。

だとすると、受難者としてはそのことを考慮にいれて感情表現をしなければならないことになる。受難者は、「もっと完全な同感を、情念をこめて望む[38]」のであり、そのためには「かれの情念を、観察者たちがついてゆける程度に、低める[39]」必要がある。観察者たちはただ想像によって同感しようとするのだから、その想像力の働きを考える必要があるのだ。

しかも受難者は、共感を求める相手に最大限の要求をしてはならない。母親や配偶者であれば、不幸があったならば、何も言わなくても強い同情を与えてくれるだろう。そして優しく支えてくれるに違いない。ごく親しい友人なら、自分の表情からすぐに読み取ってくれるかもしれない。しかしたんなる知人には友人と同じような共感の強さを期待することはできないだろう。

たんなる知人にはそもそもすべてのこまかい事情を語ることもできないだろう。そこで知人に対して「多くの平静さをよそおうのであり、そしてわれわれの境遇について彼が考えたがっている一般的な輪郭に、われわれの思考を合わせようと努力する[40]」のがせいぜいだろう。見知らぬ人々にたいしては、わたしたちはそれほど強い同感を期待することはできないのである。

このようにして受難者はたえず、「もし自分が、自分の境遇にたいする観察者たちのうちの一人にすぎなかったとすれば、どのようなやり方でそれから感受作用をうけるだろうかと、想像するように導かれる」[41]。そしてこのような「中立的な観察者」[42]の立場から自分を眺め、自分の悲哀を観察し、それが他者にとって共感しうる適宜性の基準をみたしているかどうかを調べるようになる。そして自分の悲哀の表現が過度なものとならないように配慮するようになるのである。

これが共感を求める際の中立的な観察者の原理であり、この原理が働くと、自愛の原理を抑制し、道徳的な振る舞いが生まれる。自愛の原理によると、すべての人にとって、自分がもっとも愛しい存在である。誰もが「わたしは全人類よりも自分を愛する」と感じているかもしれないが、「それでも彼は、人類をまともにみて、自分はこの原理にしたがって行動するのだと、広言する勇気はない」[43]だろうと、スミスは指摘する。それは人類に捨てられることを意味するからだ。

だからすべての人は、この中立的な観察者の立場から自分を眺めることを学ばなければならない。それは「われわれが自然に自分たちを眺めるまなざしによってよりも、他人が自然にわれわれを眺めるまなざしによって、自分を眺めなければならない」[44]ということである。

スミスはこの原理を採用することによって、たんに共感を求める戦略が確立されるだけではなく、人々がこの共感の原理によって社会を構成するようになると考える。しかもスミスは共感の原理と中立的な観察者の原理が、正義と道徳の源泉となることを示したのである。ヒュームは理性を情念の奴隷とし、ごく自然な共感だけに社会の形成の理論を求めたために行き詰まったのだった。しかしスミスは、他者の苦痛への共感という道筋から、社会の形成の原理と道徳性の原理を内在的な方法で導き出したのであり、この理論の道筋は、社会の形成について考察するためにわたしたちに残された重要な手がかりと言えるだろう。

現代においても、主権の概念に基づいた国家の理論が行き詰まってきているだけに、このような内在的な社会形成の新たな理論が求められているのであり、ヒュームやスミスの思想はそのための糸口として役立てることができるだろう。すでに確認したように、フランス革命のような近代の政治的な変革において発生したのは、誰が国家の権力を握るのかという争いだった。フランス革命によって国王、そして聖職者と貴族による支配は民衆による支配へと変動した。しかし国家の権力の構造そのものに変化はなかった。国家はその統治下にある国民の安寧に配慮すると同時に、国家の防衛という名目で国民に死ぬことを命じることができる。ルソーの社会契約について考えた際にあらわになったように、これが社会契約の理論的な帰結なのである。国家は国民を生かす生の権力であると同時に、国民に死を命じる死の権力になりかねない。差別的な愛国主義と人種主義が猛威をふるう現代にあっては「社会全体にわたって、殺人権力と主権的権力が猛威をふるう」[45]ようになるのは避けられないことなのだ。

しかし現代においてはこのような国家と国民の関係に大きな揺らぎが発生している。このことについては第5章の「生政治と免疫の思想」で取り上げることになる。主権の思想の背後には、権力の主体としての国家という概念が控えているのであり、現代のグローバル化の時代において、こうした主権の思想的な限界があらわになってきたのである。ただしこのスミスの内在的な社会形成の理論は、社会のうちでの個人の欲望の対立や争いを解決するための法的な手段の可能性を明確に展開していないという問題がある。これは多くの内在的な社会形成の理論に固有の弱点と考えることができるだろう。この問題を主権の概念に頼らずに解決するにはどうすればよいのかが問われているのである。その手がかりの一つは、いずれ考察するようにネグリ／ハートが『〈帝国〉』などで展開した内在的な民衆としてのマルチチュードが主権を逸脱する力に注目する理論に求めることができるだろう。

第4節 相互承認論の道筋

相互承認論の重要性

社会の成立にいたる理論体系には、このように内在的な共感あるいは同感の理論と超越的な社会契約の理論が存在したが、この二つを統合することを目指したのが、ドイツの哲学者ヘーゲルの相互承認の理論である。ヘーゲルは人間の成長のステップを、言語をもつこと、労働すること、家族をもつことの三段階で考察する。ヘーゲルは人間に自然に生まれる意識が、家族としての他者によって言語を教えられ、自然に働きかける労働を営み、家族とともに生きることで人格となり、やがては魂あるいは精神をもつ人間に成長すると考える。そしてこのようにして成長した人間は、やがて家族の外に出て、真の意味での他人と出会い、そうした他人とたがいに精神をもつ人間同士であることを承認すると考える。この成長と相互承認のプロセスの結果として社会が成立すると考えるわけだ。

わたしたちが社会を形成するにあたって、この言語と家族と労働という契機は非常に重要な意味をそなえている。本書ではこのうちの家族については第1章のエディプス・コンプレックスについて取り上げたところでいくらか考察したし、労働についてはこの章のロックの社会契約の理論を取り上げたところで考察した。しかし言語の果たす役割についてはこれまでほとんど取り上げてこなかった。家族と労働の果たす役割についても、これまでの考察はごく狭い範囲にとどまっていた。これらのわたしたちが社会を形成するにいたる重要な諸契機をまとめて考察して、一つの理論的な体系にまで築き上げたのが、ヘーゲルの相互承認論である。そこで少し長くなるが、これまでの考察における欠落を補う意味でも、この理論について詳しく検討してみよう。この理論はヘーゲルの哲学的な体系の重要性を明確に示してくれるものなのである。

言語をもつこと――第一のステップ

ヘーゲルは人間において精神が誕生するのは、まず人間が意識をもつ動物であることによると考える。人間が意識をもつことが可能となるのは、他なる意識と出会うからである。幼児についての考察において明らかになったように、人間の意識はたんにそれ自体であるときには、自分が意識であることすら認識できないだろう。自分の意識を意識するためには、すなわち自己意識というものをもつようになるためには、同じく意識をもつ別の他者と出会う必要がある。このような自己意識となった意識とは、自己についての意識であると同時に、自己とは絶対的に異なるものでありながら自己と対等な存在としての他者の視点から、自己を眺めることができるようになった意識のことである。このように自己を意識するだけではなく、自己から外に出て、自己を眺める視線をもつことで、人間は初めて自己についての意識をもつようになる。

ただしこうした自己についての意識は、まだ人間のほんらいの意味での精神ではない。それが精神となるためには、三つのステップが必要であるとヘーゲルは考える。第一のステップは、記憶力をもつことによって、物の名前を記憶すること、すなわち言語をもつことである。この言語は個人だけで作ることも、記憶することもできない。それは他者と共有することで初めて可能となるものである。誰もが家庭において家族と話すことで、言語を習得する。このようにして言語を語ることができるようになった個人は、やがては家族を出て、他者との共同体のうちで初めて一個の人格として存在することが可能となる。

第二のステップは、労働と道具である。人間は、言語的な存在としてある以前に、まず自己の欲求を充足することで、生存しつづけなければならない。しかし動物と違って人間はたんに自己の欲求を充足することだけを求めない。目の前にある果実を食べるならば、わたしの欲求は満たされるだろう。動物はそのように振る舞う。しかし果実は食べてしまうと消滅する。そして食欲という欲求も、満たされ消滅する。この行動は、対象と欲求の両方を消滅させ、廃棄することを目指しているのである。その後には何も残らない。ただ動物的な存在が生きつづけるだけである。

これに対して人間は欲求の充足を延期することができる。それが労働の意味である。「労働は欲求の抑制であり、消失の延期である」[46]。人間は、目の前にある米を炊いて食べることで欲求を満足させるだけではなく、食欲を満たすことを差し控え、みずから発案したさまざまな道具を使って労働することで、さらに大きな収穫を手にしようとする。田を作り、稲を植え、水をやり、雑草を取り除き、収穫のときを待つ。そして六月に植えた苗は、一〇月にはたわわな穂に数百倍の数の米を作りなすだろう。

人間は、手を加えずにそこに生っている果実を自然の恩恵としてたんに享受するだけではなく、人間の精神が物体的なものとなった道具を使って自然に働きかけ、その瞬間の欲望を抑えることで、さらに大きな収穫を獲得する。この欲望の充足の時間的な遅れが、さらに大きな欲望の充足を可能にする。この収穫を蓄積することで、家族には財産が生まれる。家族はこの財産によって生存を確保する。そして大きくみれば、この労働という営みによって、人間の文明が生まれることになる。

意識が精神となる第三のステップは、婚姻と家族の成立と家族財産の所有である。他者と向き合った主体は、言語の活動においてすでに他者の存在を前提としていたが、意識をもつ主体が他なる性の別の個体と向き合うとき、人間は自己というものを意識するようになり、自己と同等な他者のまなざしから自己を眺めるようになる。このとき、事物や他者に向かっていた「欲望は愛になる。そして享受は他の意識の存在のうちに、このように自分自身を直観する点に存在する」[47]。このように愛の対象となった人物は、「特権的な他者」という地位を占めるのであり、この特権的な他者とのあいだで婚姻が成立し、そこに家族が生まれる。

そしてこの特権的な他者のうちに自己を直観することで、主体は他なる人間を自己と同等なものとして、自己を他なる人間と同等なものとして認識することができる。これが相互承認である。「各人は自分を他者の意識のうちに定立し、他者の個別性を廃棄する。あるいは各人は自分の意識のうちに他者を、意識の絶対な個別性として〔定立する〕。これが相互承認一般である」[48]とヘーゲルは語っている。

この相互承認という他者との関係は、やがては人間の共同体の根源的なあり方を体現するものとなるが、この段階ではまだこの相互の承認は、異性への愛という個別的なものにとどまっている。しかしこのように相互に承認しあい、愛しあうカップルは家族というものを形成する。そして家族のうちで生活を維持する手段を確保し、それが財産となる。これは労働によって形成されたものであり、言語と道具を使って、家族の外部の他者とも協力しながら働くことによって蓄積され、言語によって他者から家族の占有物として承認されることで維持されるものである。家族の財産は、第一の契機である言語と第二の契機である労働と道具によって初めて可能になるという意味で、それまでの二つの契機を統合するものである。

この他者との共同のうちに行われる生業において、人間の欲望が初めて理性的なものとして登場するとヘーゲルは考える。ただこの相互承認は家族のうちで成立したものであり、社会を形成する力はまだそなえていない。社会のうちで個人が人格となるための条件を整えるという意味をもつものであり、これはまだ第一レヴェルの相互承認とみなすことができるだろう。

他者との出会い

このようにして人間は、言語、労働と道具、子孫と家族財産という三つの契機をたどることで意識から理性へとみずからを高めていく。ただしその第三の契機である家族というものは、それだけでは共同性に向かうことはない。家族は外の社会に対しては、愛の力で自己を閉ざそうとするものである。愛の力で成立した家族において人間は自由であるが、その自由は真の意味での自由ではない。

社会はこのように閉じた共同体である家族の集まりで形成されている。そして家族は他の家族と出会い、そこに所有物をめぐる争いが発生する。この争いについての考察は、ホッブズ的な戦争状態の理論に依拠している。ホッブズは、人間が身体的には平等であり、他者を圧倒することのできるような単独の人間が存在しえないことを確認した後に、人々が財産を所有している状態にあって、こうした財産の不平等が顕著になると、戦いが発生することを指摘した。人間は欲深く、嫉妬深い存在であり、他者の所有物を欲しがるものである。そしてその行為を禁じる法律や、主権が存在しない状態では、人間は他の人間に対して狼になると考える。そしてこの戦争状態を終わらせるために、人々は共同で外部に主権者を立てることに合意するのである。これがホッブズの考えた社会契約だった。

ヘーゲルもこのように言語、労働、家族と進んできた段階から、家族の外部において社会を形成するにいたる段階については、ホッブズと同じような戦争状態という想定に立っている。しかしヘーゲルは社会を形成するためにホッブズのような社会契約を締結する道ではなく、もっと別の道程から、社会が成立すると考える。その道程はほぼ三つのステップで実現されると考えられる。

対等な人格による相互承認の成立――第一のステップ

第一のステップにおいては、家族の主人同士が、他の家族の占有物を奪おうとする戦いが展開される。占有物には、「普遍的で外的なものとしての物の本性」として、誰もが使用できるという性格がそなわっている。そのためある人がそれを自分のものとして宣言することは、この物の本性を否定することになる。しかしこの物は、その人が自分の労働を投じて、自己の占有物としたものであり、そこには、その人の身体の労働と道具による労働の産物が体現されている。この労働の産物とは、理性がものとして外に現われたものにほかならない。だからこの占有物においては、その人の理性が外に現われて結晶しているのであり、そこには、その人の個別性が結晶しているのである。

これを他者が占有しようとすることは、そのもののうちに体現されたその人の個別性を否定することを意味する。「そしてこの個別的な物において、端的に各人は個別的なもの［の統一体」としての自分の統一体を主張することによって、各人が他者の統一体を否定するということが現象してくる」[49]のである。だからこそこの戦いはたんなる事物をめぐる争いではなく、各人のみずからの個別性を賭した戦いとなるのである。この戦いでは「各人は他者にたいして自らの現象する統一体全体を、すなわち自分の生命を、何であれ個別性の維持のために賭け、そしてこれと同じように、各人は他者の死を目指さざるをえない」[50]のである。これはたがいに自己の個別性を守り抜くための生命を賭した戦いとなるだろう。

しかしそこには大きな矛盾がある。この戦いが行われるのは、自己の個別性を維持するためである。しかしたがいにみずからの個別性を維持しようとして、生命を賭するならば、その戦いで破れた者はその生命を、みずからの個別性そのものを失うことになる。個別性を守るための戦いの帰結が、個別性の喪失をもたらすのである。しかし各人は、みずからの個別性を守るために戦わないかぎり、みずからの個別性を守ることはできない。「各人は他者から、自分が統一体であるかどうかを、ただ他者を死にまで駆り立てる限りにおいてしか、知ることはできない。こうして各人はまた、自分みずから死に赴くことによってしか、統一体として対自的に証示されることはない」[51]。

たがいに家族の主人である者たちが、相手の家族の占有する物を奪おうとするこの戦いにおいては、片方がみずからの生命を大切に思い、みずからの個別性を維持するために、生命を賭することをやめるならば、その者は個別性と自立性を失い、奴隷となる。「彼は他者にとってはただちに統一体ではないものとなる。彼は絶対的に対自的だというわけにはいかなくなる。彼は対象の奴隷になる」[52]。

この占有物をめぐる戦いにおいて、侵害された者は侵害者を排撃する。しかしこの闘争は、占有している者にある知を与える。それは自己の占有物が、他者によっても要求されうるものであることを認識し、他者にもその権利があることを認識することによって得られる。「この運動は生死を賭けた闘いである。この闘いから、各々の者が出現し、各人が他者を純粋な〈自己〉とみる。したがってそれは意志の知である」[53]。この闘争において各人は自分の要求を相手に示し、その根拠を明らかにし、自分の要求する意志を明示したのである。侵害された者は相手のうちに、侵害してくる意志をもち、その根拠を示そうとする意志をみいだし、侵害した者は相手のうちに、それが自分の占有物であることを主張しながら、それを防衛しようとする意志をみいだす。

このようにしてたがいに自由な意志をもつ存在であることを認めあうときに、それぞれは相手を「人格」として認めあうことになる。「この意志は存在、現実性一般であり、個別者、主体は人格である」[54]。というのも、「他者のうちに自分を直観すること、自分自身として知ること、まさにこの点に認識作用は存在する」[55]からである。この生を賭した闘争の後に、侵害した者も侵害された者も、そこに自己と同等な存在を認めあう。これによって他者の「承認」が成立している。たがいに人格として、相互に承認しあっているのである。これが相互承認による社会の形成の第一のステップである。

こうして各人は「知る自己」となったが、これまでのように自己の個別性だけに依拠している存在ではなく、他者のうちに自己をみいだすことによって、普遍的な存在になっている。この個別的であると同時に普遍的な存在になった主体は、暴力によって他者を滅ぼすのではなく、相手を許すことによって、みずからが人格であることを示すのである。

侵害してきた者は、他者の占有物を自分のものとしようとしたのであるが、これは挫折した。それは防衛する者が自分の生命を賭して戦おうとしたが、侵害した者は、この戦いで自分の生命を落とすことを望まず、自分の命を守ろうとしたからである。この戦いは生死を賭したものであっただけに、侵害された者は、侵害しようとしてきた相手の生命を救う代償として、相手を奴隷として使役することもできただろう。

しかし侵害された者は、相手を一つの人格として認めることを選んだ。それには二つの重要な理由がある。第一の理由は、侵害された者は相手を人格として認めることで、みずからもまた人格であることを示すことができたことにある。このことで侵害された者は、同等な他者から人格であることを承認されたことになる。意識は他なる意識から承認されることで、初めて自立した意識として存在することができるのである。他者を殺すことは、自分を意識して承認してくれる重要な相手を失うことを意味するだろう。

第二の理由は、この争いにおいて両者は、相手を殺害するのではなく、他なる人格との関係を律する普遍的な法というものによって、この問題を解決しようとするからである。法とは、自由な人格同士の関係を、普遍的な視点から調整しようとするものである。「わたしは法に基づいて、個人が法的な権能を有するものであることを、すなわち一個の人格であることを示すのである」[56]。たとえば労働を投じることでその人の占有となった物は犯すことができないという抽象的で普遍的な規定によって、この問題を解決しようとするのである。これは人格どうしの相互承認とは別の次元の解決であり、これが社会をもたらすのである。この法が存在することによって、それまでのたんなる物理的な占有が法によって認められた所有に変わるのである。このように他者との戦争の結果として他者を滅ぼしたり、奴隷にしたりするのではなく、すべての他者とともに普遍的な法を設立する道に進むのである。これが相互承認による社会の形成の第二のステップである。

占有しているだけのものは、いつでも他者によって異議を申し立てられる可能性がある。そのたびに生死を賭した戦いが必要とされる。これはホッブズの自然状態である。このような状態のうちでずっと人は生きつづけることはできない。そこで法という普遍的なものが要請されるのである。この法が占有を所有として認め、各人にそれを認めさせる。この法は、占有物を保護するとともに、侵害しようとして生命を賭した戦いを挑んだ者の生命と身体と人格もまた保護してくれる。この法が存在することで、そもそも侵害しようとする行為の発生が防がれるのである。

社会における交換の成立

このような法が存在することによって、自然状態は社会状態に転化する。それまでたんにわたしが占有していたにすぎない「直接的なものは、他者から承認されることによって所有となる」[57]のであり、この他者による承認が「法」という普遍的な形態をとるのである。「これによって占有は、先に労働が普遍的な労働へと転化したように、法へと転化する」[58]のである。

このようにして各個人は、人格として相互に承認しあいながら、たがいにそれぞれが占有するものを、所有として承認する。それまでは個人は家族の財産として、労働の成果を占有していただけだった。それぞれの個人が、自分の家族の財産を占有していただけであり、つねにその財産は侵害される可能性があった。しかし相互承認によって普遍的な法が成立し、それぞれの個人の家族の財産の占有状態を、法的な所有状態として承認されるようになった。

これは大きな違いをもたらす。それまでは、人々は労働して畑を耕し、時間をかけて作物を育ててきた。しかしそれを収穫しようとするときに、他者がやってきて、その作物を勝手に刈り取ってしまう可能性を排除できなかった。そのような状態では、個人は自分たちの生命の維持のために必要とされる程度しか、作物を作ろうとはしないだろう。自分の家族が消費できない分は奪われても、命を賭けて守ろうとはしないだろう。

しかし法が定められると、個人の財産はたんなる占有ではなく、法的に保護された所有とみなされるようになる。そしてこの法に違反する者は、犯罪者として処罰されることになる。個人はそれまでは自分と家族の欲求を満たすために労働していた。しかしこのように法的に保護されるようになると、個人は耕作物を自分たちの生存のための欲求を満たす範囲に制限する必要がなくなる。個人は自分では消費できないほどの作物を耕作することができるようになる。

というのも、このように相互に他者を自由で独立した人格として、そして法的な保護のもとで活動する人格として承認するようになると、他者の労働の産物は、奪うべき対象としてではなく、交換すべき対象として現われるようになるからである。そのとき、たんなる生存のための必要性を満たすべき「欲求」ではなく、「欲望」が生まれる。「人格は最初は対自存在一般として存在し、享受し、労働するものである。ここにおいて初めて欲望が登場する権利をもつ。なぜなら、欲望は現実的なのであり、つまり欲望そのものが普遍的で精神的な存在をもっているからである」[59]。

今ではわたしは、自分の畑で自家では消費できないほどの小麦を耕作し、それをたとえば隣人のブドウ畑で実っているブドウで作られたワインと交換しようと望むことができるようになる。身体的な欲求だけではなく、精神的な欲望を満たすことが可能になり、欲望が育てられていく。そしてこの欲望を満たすための手段として、労働が重要な役割を果たすことができる。わたしはわたしの得意とする麦の耕作に専念し、隣人は隣人の得意とするブドウの栽培に専念することができる。

このようにして耕作物が法によって保護され、わたしは自分の欲望をもつ主体であり、人格であることが承認されているために、わたしは労働の産物の余剰分を活用して、ワインやさまざまな嗜好品を手にいれる可能性を確保する。これが分業である。このとき、わたしの労働は、自分の家族で消費すべき小麦の耕作という直接的な意味を喪失し、自分の欲望するさまざまなものを獲得するためのものという抽象的な意味をもつようになる。「加工とは、意識が自分を物にすることである。しかし普遍性の境位においては、加工は抽象的な労働となるような形で存在する。欲求は多様である[60]」。わたしの労働は抽象的な労働となり、多様になった欲求を充足するために利用される。「たんに抽象的な対自存在としての欲求のためだけに労働がなされるために、なされる労働もまたたんに抽象的なものにすぎない。これがここに実存する欲望の概念であり、真理である[61]」。

このように労働が抽象的なものとなるとともに、分業と交換の可能性が生まれてくる。というのも、わたしの労働によってわたしはもはや自分の欲求を満たすことだけを目的とせず、余剰分で他者の労働の産物を交換によって獲得したいと望む。「彼の労働の内容は、彼の要求を越えている。彼は多くの人の欲求のために労働するのであり、そうしてあらゆる人がそのようにして労働するのである。したがって各人が多くの人の欲求を充足させるのであり、彼の多くの特殊な欲求の充足は、他の多くの人の労働［によるもの］なのである[62]」。このようにして労働は普遍的な意味をもつ。この「普遍的な労働とは分業であり、節約である。つまり十人の人が百人がするのと同じくらい多くのピンを作ることができるという節約である[63]」。ここでヘーゲルがアダム・スミスの『国富論』の冒頭の分業についての説明を参照しているのは明らかである。

市民社会の形成——第三のステップ

こうしてわたしの労働は生存の必要を満たすという具体的な目的を喪失し、他者の欲求を満たすためのものという普遍的な形式を獲得する。わたしの労働の産物に、そこで「価値」が生まれる。この価値は、わたしの労働によって生まれるものであるが、それが価値であるのは、それがわたしの欲求を満たすという具体的な目的のための直接的な労働の産物であるためではなく、他者の欲求を満たすという抽象的で普遍的な目的によってである。わたしの小麦は、他者の生産したワインや農具と交換することができるような抽象的な価値を帯びて登場する。そして隣人の生産したワインもまた、わたしの小麦や農具と交換することのできる価値を帯びたものとなる。「価値という点では、それら加工品は同一のものである。物としてのこの価値そのものが、貨幣である。[この抽象的な価値が]具体物、すなわち占有へと還帰すること、これが交換である」[64]。このようにして、自分の必要とするものをすべて自分で作るのではなく、自分の得意な分野で稼いだ貨幣で、他者の産物と交換する市民社会が成立する。これが「欲望の体系」である市民社会である。相互に他者の欲望を承認し、自己の欲望を満たすために他者の欲望を満たすことを目指した分業が成立し、ここに社会は市民社会となる。これが相互承認による社会の形成の第三のステップである。この第三のステップが重要なのは、人々は市民社会においてて初めて真の意味で自由になれることである。

ヘーゲルは『法哲学講義』ではこれについて次のように要約している。「利己的な目的を実現するには、そのように共同性（一般性）に媒介されねばならないから、そこに全面的な相互依存の体系ができあがり、個人の生存としあわせと権利が、万人の生存としあわせと権利とからみあい、それに依存し、それとのつながりのなかでのみ実現され、確保される[65]」。このようにして「個人の目的は本質的に他の独立の目的と関係し、たがいに依存する関係にあるから、市民社会は全面的な依存の体系であり、利己的な目的はそのつながりのなかでしか実現され、保証されることがありません[66]」ということになる。

国家における自由

さらにヘーゲルはこの『法哲学講義』において市民社会を包括する国家の存在を要請している。欲望の体系である市民社会では、社会に固有の問題を解決することができず、人間の自由を実現することができるのは、国家だけだと考えるのである。この国家における自由についてヘーゲルは、「国家は具体的な自由の実現体である。ところで、具体的な自由とはなにかといえば、個の人格とその特殊な利益が完全に開花し、その正当性がそれとして（家族と市民社会という組織のなかで）承認されるとともに、個人がみずから進んで共同の利益とかかわり、知と意志にもとづいて、共同の利益こそがおのれの土台をなす精神だと認め、共同の利益を最終目的として活動することにある[67]」と説明している。

欲望の体系である市民社会は、個々の市民が自分の欲望を実現するために、分業という形で他者とのあいだで相互的に援助しあう市民社会の体系を構築する。この市民社会は、相互的な援助と共同の関係であるが、そこにおいては市民はあくまでも「個人が特殊な利益や知や意志のみに執着する私人として生活し、共同の利益を追求する意志ももたなければ、この目的にかなう現実ももたない[68]」状態にとどまっている。私人としての市民が公民になるのは、国家においてであり、ここにおいて初めて倫理的な関係が成立しうるとヘーゲルは考える。市民が共同の生活のうちに自由を確保するのは、市民社会においてではなく、国家においてであることになる。このようにしてこれまでの理論では明確に区別されないことが多かった社会と国家が概念としてはっきりと区別されるようになる。

この自由のあり方を示しているのはまずは自我である。この自我とは相互承認の主体となった自我である。自我はまず即自的に、そのものとして自己のうちにある。しかしこの自我は自己が自己であることを確信することができない。そのために自己と対等な他者を求め、その他者に自己を他者として対等な自我として承認することを求めるのだった。このようにして他者に承認されるということは、自我が他者のうちに自己をみいだすということである。相互承認が行われたときには他者もまたわたしの自我のうちに自己をみいだすことになるだろう。そして自我は他者から承認されたことで、自己のたしかさを確認することができる。他者のうちで初めて自我は自己について保証され、自己を確信する。たがいに他者のうちに自己をみいだしあう相互承認の関係のうちで、たがいの自我は「他のもののうちにありながら、しかも自分自身のもとにある」[69]のである。これがヘーゲルにとっての自由である。

　これと同じような相互的な関係は、友情と愛という関係のうちにもみいだすことができる。わたしは愛する人のために自分の利益を無視しようとする。しかしそのことによってわたしは自分を否定するのではない。愛する人のために尽くす行為において、わたしは自分がもっとも輝いていると、充実していると感じているのである。わたしは愛する人のうちに、最高の自分をみいだす。他者のうちにありながら、しかも自分自身のうちにあるのである。ヘーゲルはこのようなあり方こそが自由であると主張する。「友情や愛においては、われわれは一面的に自分のうちにあるのではなくて、他のものへの関係においてすすんで自分を制限し、だが、その制限するなかで自分を自己自身として知る」[70]のである。

　さらにこの自由のあり方は社会における人間の存在様態にまで広げることができる。共同体において人々はたがいに協力しあうことによって、単独ではなしえなかったことを実現することができる。一人では自分の住宅すら建造することができないだろう。しかしたがいに助け合うならば、ごくわずかな人数でも、それぞれの人の住宅をたやすく建てることができるようになるだろう。人々との共同のうちでは、個人がもっていた自由は制限されるが、国家のうちで共同の利益を追求するより高次の自由な活動の産物を生み出すことが可能になる。「人が他者と取り結ぶ共同性は、本質的に個人の真の自由の制限とみなされてはならず、その拡張とみなさなければならない。能力の面から言っても、実行の面から言っても、最高の共同性は最高の自由である」[71]と言えるだろう。

人間は孤独のうちで自分の自由をかみしめることができるかもしれないが、それはたんに他者から制約されないという消極的な意味での自由にすぎない。ヘーゲルは真の意味の自由は、他者との共同体としての国家のうちにこそあると考えたのである。これは社会契約によって設立された社会のうちでこそ人間は真の意味で自由になると考えたルソーの自由の理論をしっかりと受け継いだ自由の思想である。

ここで描き出された市民社会は、スミスが『国富論』で描き出した市民社会と同型である。スミスはこのような市民社会を成立させるメカニズムとして、人間に固有の「交換という性質」というものを想定した。「人間にはものを交換しあうという性質があり、その結果、ごくゆっくりとではあるが、必然的に分業が進んできたのだ[72]」。スミスは「ものを交換しあうというこの性質が人間の本能の一つ[73]」であると断言する。「その性質は人類に共通しており、他の種の動物にはみられない[74]」という。この交換が本能によって行われるのであれば、それについてもはや説明する必要も意味もない。分業は人間の本能の産物であり、分業によって生まれる市民社会は、人間の本能から必然的に生まれるものだということになる。スミスは人間と動物の違いすら、この交換という本能のうちにみいだそうとするのである。

しかし交換という性質を本能として規定することは、形而上学的な想定であって、実際には何も説明することにはならない。人間は社会を作って、分業の産物を交換しあう特殊な動物であると定義しているだけだからである。これに対してヘーゲルは、人間の相互承認のメカニズムによって、価値の生成と交換の必要性、分業の発生の必然性、市民社会の成立を説明しようとするのである。

ただしどちらも、社会の成立と人間の社会性を、人間の生存の営みのうちに自生的に、そして内在的に生まれるものとみていることは共通する。集団で存在する人間は、動物とは違って分業し、自然にそれが相互に自分の産物を交換しあう社会を成立させると考えているのである。これが社会の発生を、労働と経済という観点から眺める重要な理論的な軸を構成する。人間は労働と交換によって、社会的な生き物となるのである。

現代の相互承認論

このようにしてヘーゲルは人間たちの間で相互の承認が反復され拡げられるプロセスを展開しながら、欲望の体系である市民社会が形成される道筋を描きだしたのである。人間が愛する異性のうちにみずからをみいだして相互に承認することで、家族が形成される。家族は他の家族の所有を承認することで、社会が形成される。生まれ育った家族を離れて社会のうちで、相互承認の関係にありながら法と権利のもとで分業に従事することで、市民社会が形成される。この相互承認の思想は、社会契約という虚構を不要とするものであり、さらにスミスの示したような共感による社会の形成の理論の弱さを克服したものであることが注目される。ただし、このヘーゲルの相互承認論においても、国家は人間の共同性の最高の形態とみなされており、社会契約論のところで確認した国家の主権の思想にそなわる「主権と暴政は同一のものである」という問題点を解決するものではないこと、むしろ国家を最高の共同性とみなすことで、この問題点をその極限にまで高めるものであることには注意が必要だろう。国家は国民の生命をみずからのために犠牲として捧げさせる傾向をそなえているのである。

この思想は現代においても復活しており、とくに現代ドイツの哲学者**アクセル・ホネット**（一九四九〜）はヘーゲルの相互承認論のもつ別の可能性を発展させて継承している。ヘーゲルの相互承認論にはすでに確認したように、家族のうちでの相互承認、複数の家族が出会う社会での相互承認、市民社会における法と分業の体制の確立、そして市民社会を包括する理念的な国家において真の意味で自由となる人格のあいだでの相互承認という三つの次元があった。ホネットはこれを受け継いで、相互承認が愛、法と権利、連帯という三つの次元で社会の根幹を貫いていると考える。愛については、「愛を成就することで主体が目にみえるかたちで求めあうという性質の点で、相互に確証しあい、同時に必要な存在として承認しあう」[75]のである。

さらにこうした愛の相互承認によって家族を形成した人々は、他なる家族の成員と出会うことによって、たがいに他者に対して責任を負う人格として相互に承認しあうようになる。このように相互承認しあう人格の集合が社会であり、このような社会が存立するためには法と権利の体系が必要とされる。「法的な主体は、おなじ法律にしたがい、個体として自律していることで道徳規範について理性的に決定することができる人格として互いに承認しあうのである」[76]。

このように社会のうちで相互に抽象的な人格として相互に承認しあう人々は、社会のうちで具体的な場においてみずからに独自の能力を発揮することで、他者から価値を認められ、尊敬されるようになる。ヘーゲルの相互承認論では、個人の人格は国家という共同体のうちで真の意味での自由を確保することが強調されていたが、ホネットの相互承認論では人々は社会のうちで自己と異なる他者を尊重し、その価値をみいだすことで互いに承認しあうとされている。「主体が相互に対称的な立場で価値評価しあうために、異なった生き方にたいして互いに共感をいだくような相互行為の関係[7]」を取り結ぶことが重視されている。

ホネットの相互承認論は、ヘーゲルの理論を受け継ぎながら、それを社会における間主観的な関係の土台とし、社会における多様性の意味を重視した理論となっている点は注目に値する。

第2章
社会はどのようにして形成されるのか

カール・フォン・クラウゼヴィッツ

Carl Philipp Gottlieb von Clausewitz
1780-1831

プロイセン王国の陸軍少将、軍事学者。ナポレオン戦争に敗れ、捕虜生活を送る。ロシア軍従軍後、プロイセンに戻り、国家と一体となった近代戦争の性質を精緻に分析した『戦争論』の執筆を始める。没後、マリー夫人が遺稿をまとめ発表した。戦争は「異なる手段をもって継続される政治」の言がとくに有名。

第3章 暴力、戦争、平和論

国家は暴力を占有し、それを背景に権力が保たれる。ベンヤミンらは民衆の側から行う暴力のもつ可能性を考えた。暴力が外部の共同体に向かうと、それは戦争になる。クラウゼヴィッツは軍人の立場から戦争を分析し、ルソーやカントは永久平和の実現を構想した。

マックス・ウェーバー Max Weber 1864-1920
ドイツの社会学者、経済学者。比較宗教社会学の手法で、『プロテスタンティズムの倫理と資本主義の精神』を著し、カルヴァン派の禁欲と生活合理化が資本主義を生んだ、と論じ、後世に大きな影響を与えた。

アレクサンダー・ダントレーヴ
Alexandre Passerin D'Entrèves 1902-1985
イタリアの法学者、政治学者。第二次大戦中はレジスタンス運動に身を投じる。倫理・政治・法の分野における自然法の重要性と現代的意義を唱えた『自然法』、実力・権力・権威の観点から国家を論じた『国家とは何か』を著す。

プラトン Platon B.C.427-B.C.347
古代ギリシアを代表する哲学者の一人。ソクラテスに師事。完全な真実の世界イデアと不完全な現象界の二元論を軸に道徳や国家を論じる。師ソクラテスとの対話という形式で『国家』『ソクラテスの弁明』などの著作を残す。

トラシュマコス Thrasymachos B.C.430-B.C.400年頃に活動
古代ギリシア・カルケドン出身の弁論家・ソフィスト。弁論術に演技的要素をもち込んだ。プラトン『国家』『パイドロス』、アリストテレス『詭弁論駁論』などで言及され、ソクラテス批判者の役割を振られている。

ジョルジュ・ソレル Georges Sorel 1847-1922
フランスの社会思想家。土木技術官僚を務め、45歳から文筆活動に入る。マルクス主義の影響を受け、反議会主義と労働組合の独立、ゼネラル・ストライキからなる社会革命を提唱。左右両極の社会運動に影響を与えた。

ピエール・クラストル Pierre Clastres 1934-1977
フランスの人類学者、民族学者。哲学専攻後に人類学を学び、南アメリカでのフィールド・ワークを開始。未開社会は権力の集中や階級分化を避けるために戦争をし国家形成を阻止すると論じ、西欧の進歩主義的人間観に異論を唱えた。

ジル・ドゥルーズ Gilles Deleuze 1925-1995
フランスの哲学者。スピノザやニーチェらの研究からスタートし、ガタリとの共著で、絶対的超越者を前提とする認識のあり方や国家・資本主義システムを鋭く批判。「器官なき身体」「リゾーム」「戦争機械」などの概念を提示した。

ピエール・フェリックス・ガタリ Pierre-Félix Guattari 1930-1992
フランスの哲学者、精神分析家。パリ第8大学でジャック・ラカンに師事後、分析家として病院に勤務。フロイトの精神分析を批判、ドゥルーズとの共著『アンチ・オイディプス』『千のプラトー』はその問題提起の書となっている。

シャルル・サン・ピエール Charles Saint-Pierre 1658-1743
フランスの聖職者・外交官。1712年、スペイン継承戦争のユトレヒト和平会議に出席。翌年、諸国を共通の法に従わせ、国家連合による平和を構想した『永久平和論』を著し、ルソーやカントらの平和論に大きな影響を与えた。

マクシミリアン・ロベスピエール
Maximilien François Marie Isidore de Robespierre 1758-1794
フランス革命時の政治家、革命家。普通選挙、民主主義を標榜したが、恐怖政治を布き、自党内の政敵をテロの対象として処刑。ルソーの影響を受け、自由・平等・友愛に加えて、公共の福祉を唱えた。最後は刑場に消えた。

トルストイ Lev Nikolayevich Tolstoy 1828-1910
19世紀ロシア文学を代表する作家。ギュスターブ・クールベの提唱する写実主義によって『戦争と平和』『アンナ・カレーニナ』などを上梓。財産をさまざまな慈善活動などに投じている。晩年、素朴なキリスト教に回帰。

アルフレッド・セイヤー・マハン Alfred Thayer Mahan 1840-1914
アメリカ合衆国の海軍軍人・歴史家。海軍将校として南北戦争に従事。海洋戦略（シーパワー）を研究し、海軍力が戦争の決定的要素であることを主張した。『海上権力史論』は世界各国で研究されている。

エマニュエル・レヴィナス Emmanuel Lévinas 1906-1995
リトアニア出身のユダヤ人哲学者。1930年フランスに帰化。現代哲学における「他者論」の代表的人物とされる。フッサールやハイデッガーの現象学の研究から出発し、ユダヤ思想を背景にした独自の倫理学を展開した。▶4章

ヨハン・ゴットリープ・フィヒテ Johann Gottlieb Fichte 1762-1814
ドイツの哲学者。カント哲学の自然と自由という二元論に対し、自我を中心とした一元論を展開。自我と外的世界である非我の弁証法により絶対自我が得られるとする。ナポレオン占領下での講演「ドイツ国民に告ぐ」が有名。▶4章

マルティン・ハイデガー Martin Heidegger 1889-1976
ドイツの哲学者。現象学を提唱したフッサールに師事。哲学史の主要テーマ「存在」を独自に問い直す『存在と時間』を著す。ナチスに入党し戦後、教職停止。ナチスとの関係はその哲学理解の課題となり論争を引き起こした。

第1節 暴力論

暴力とは

ヨーロッパにおいて国民国家体制が成立したのは、一六一八年から一六四八年までつづいた三十年戦争が終結して、ウェストファリア講和条約が締結された後のことであり、このヨーロッパの国民国家体制は、ウェストファリア体制とも呼ばれる。わたしたちは広い意味では、このようにして成立した国民国家という体制のうちで生活しているのである。このように国民国家の体制の成立には戦争と平和が重要なきっかけとなった。この体制は戦争という暴力の終結によって成立したのであるが、平和は長続きはせず、第一次世界大戦と第二次世界大戦によって、繰り返し失われ、暴力と戦争が猛威を振るったのだった。この章では国家を崩壊させるとともに形成させる力をもつ戦争と平和について、そして戦争という営みの原初的な姿である暴力について考察することにしよう。

国家は暴力と密接な関係のうちにある。歴史的にみると古代からローマの建国を初めとして、国家の創立において暴力が行使されることは珍しいことではない。国家と暴力の行使の密接な関係に注目したのが、ドイツの社会学者**マックス・ウェーバー**（一八六四〜一九二〇）である。ウェーバーは『職業としての政治』の講演において、「現代の国家を社会学的に定義しようとするならば、すべての政治団体が所有しているある特殊な手段によるしかないのです。その特殊な手段とは、物理的な暴力なのです[01]」と語っている。ウェーバーの国家の定義は、「正当な物理的な暴力の行使を独占することを要求し、それに成功している唯一の共同体[02]」というものである。ウェーバーは暴力なしで支配が可能となっているならば、それは「〈国家〉という概念で呼ぶことはできません」とまで断言する。もちろんここでの「物理的な暴力」とは具体的には、警察、裁判と監獄を含む司法機関、軍隊などを意味しているのは明らかだろう。

ただしこれは国家という権力が国民の支配のために行使する手段に着目した定義であり、ウェーバーは国家が暴力だけで国民を支配することなどはできないことをはっきりと指摘している。暴力は国家の支配を支えるための手段にすぎないのであり、国家が国民を支配するためには、権力を行使する必要があり、そのためには権威に基づいた正当性が必要とされるのである。そのことをウェーバーは「国家が存続するためには、支配される側の人間が、支配する側の人間の主張する権威に服従することが必要なのです[03]」と明記している。

このウェーバーの定義においてすでに、国家が存立するためには、国民を支配する権力、その権力を行使する暴力的な装置、そして権力の正当性を保証する権威が必要であることが語られている。

ダントレーヴの国家論

国家の成立のために必要とされるこれらの三つの要素についてまとめているのが、イタリア生まれの法学者で政治哲学者**アレクサンダー・パッセリン・ダントレーヴ**（一九〇二～一九八五）である。第一に、国家は何よりも国民を支配する暴力あるいは実力をもっている必要があるとして、次のように語っている。「国家は実力である。国家は実力の独占権さえも持っている」[04]。これはウェーバーと同じ視点から国家の行使する独占的な暴力について考察したものである。この「実力」はウェーバーの語る意味での「暴力」であるが、イデオロギー的な支配のような精神的および心理的な力の行使も、そして「科学的道具、武器、攻撃防御の手段の完全性の増加によって利用され得るようになった、今まで聞いたこともない新しい種類の実力」[05]も含まれることに注意しよう。「実力が欠けているところに国家はない」[06]と語られているように、暴力は国家において第一に必要とされる要素とみなされている。

第二は権力であり、これは国家の統治機関が法律に基づいて行使する力である。国家は国民を恣意的に支配するのではなく、法律という後ろ盾のもとで支配する権力を行使する。官吏や裁判官の「遂行する職務は、法によって定められている。彼らの権能、彼らの権力（パワー）は、法によって彼らに賦与されるのである」[07]。

第三は権威であり、これは支配に精神的な正当性を与える力である。「〈権威（オーソリティ）〉とみなされる国家は、たんなる力やたんなる権力の行使によっては提供されない、また提供され得ないような一種の正当性（ジャスティフィケーション）を要求する国家である」[08]という。

アレントの定義

暴力を国家の第一の要素とみなすダントレーヴのこの国家の三要素の理論に呼応しながら、それとはきわめて対照的な理論を提起したのが、ハンナ・アレントである。アレントは人間が他人を支配するために行使する手段として、ダントレーヴのような三分類ではなく、「権力、力、強制力、権威、暴力」[09]の五種類に分類し、それぞれの概念の定義を示している。権力（パワー）は、政府の権力のように、人間が集団として行使する力である。孤立した人間には権力はそなわらない。権力は人間関係のうちから生まれるものだからだ。これに対して力（ストレングス）とは、個人にそなわるものである。ホッブズが指摘したように、どれほど力の強い人間でも、単独では複数の個人に敵うものではない。さらに強制力（フォース）は、自然の力や事の成り行きのように、人間が逆らうことのできない威力のことを指すものとアレントは定義する。

権威（オーソリティ）は人々が尊敬の念によって強制されずにしたがうような力をもつもののことである。父親の権威や教師の権威などである。

最後に暴力とは、「道具を用いる（インストルメンタル）という特徴によって識別される」[10]力のことであるという。この定義はアレントらしいものである。暴力と、人間の身体的な力であるストレングスの違いは、道具を使うかどうかによると考えるのである。ただし暴力は、権威のような精神的な威力も、権力のような人間たちの支配能力ももつことはできない。あくまでも身体的な力の行使に基づいたものである。アレントは、どれほど専制的な政府でも、純粋な暴力だけでは統治することはできず、権力の装置を必要とすることを指摘している。「もっぱら暴力の手段だけにもとづいているような政府はいまだかつて存在したためしがない。拷問を主要な支配の道具とする全体主義支配者でさえ、権力の基礎を必要とする——それが秘密警察とその密告者網である」[11]。

アレントがこのような一連の定義を示したのは、これらの用語が政治学的に重要なものでありながら、混乱して使われていたために、議論が無用に錯綜していたからである。何よりも問題だったのは、暴力の定義がきちんと示されていないことだった。「歴史や政治の考察に携わる者は、暴力が人間の事柄においてかねてから果たしてきた役割の途方もない大きさに気づかずにはいられないものだが、逆に暴力が特別な考察の対象としてほとんど取り上げられてこなかったことは、一見すると驚くべきこと」[12]なのである。

ハンナ・アレント

Hannah Arendt

1906-1975

ドイツのユダヤ系家庭に生まれる。ハイデガーとヤスパースに師事。ナチス政権成立後、1933年にパリ、41年にアメリカへ亡命。20世紀の全体主義を生みだした大衆社会の思想的系譜を考察し、現代精神の危機を訴えた。著書に『人間の条件』『全体主義の起原』『イェルサレムのアイヒマン』など。

ダントレーヴとアレントの暴力の位置づけの違い

このダントレーヴとアレントの暴力の定義を見ると、一つの点できわめて対照的な違いがあることが分かる。ダントレーヴは、「実力が欠けているところに国家はない」と語っていた。国家において暴力が重要な役割を果たすのはたしかであり、これは**プラトン**（前四二八頃～前三四八頃）とソフィストにさかのぼる長い伝統がある。プラトンの『国家』に登場するソフィストの**トラシュマコス**（前四三〇～前四〇〇頃）は、国家の支配者は他人の所有物をだまし取る「実力」を行使するのであり、とくに独裁僭主は「他人のものをだまし取るときにも、力ずくで取るときにも、狙うのが神物であれ、個人のものであれ公のものであれ、少しずつ掠め取るようなことをせず、一挙にごっそりと奪い取る」[13]と主張していた。国家は暴力をもって不正を実行する装置であると考えていたのだ。もちろんこのような暴力国家には権力はあっても権威に欠けるので、長続きはしない。それでも国家に暴力装置が必要であるのは、ウェーバーが明らかにしたことである。

これに対してアレントはこのプラトンからウェーバーにつながる伝統的な暴力の理論に正面から対決を挑む。アレントは国家という公的で政治的な空間は、人々が自由な権力を行使することによって維持されると考えていた。この権力は人々のあいだに生まれるものであり、暴力はこの権力を生み出す根幹である自由な空間を破壊してしまうのである。「権力と暴力は対立する。一方が絶対的に支配するところでは、他方は不在である。暴力は権力が危うくなると現れてくるが、暴力をなすがままにしておくと最後には権力を消し去ってしまう」[14]とアレントは主張する。ダントレーヴは国家は暴力の装置であると考えるが、アレントは暴力は国家を滅ぼすと考えるのだ。この違いは重要である。二人とも暴力が国家に必須な要素であると考えるが、アレントは暴力はほんらいの国家を成立するために必要な公的な空間における市民の対話の可能性を失わせ、政治的な権力を無力なものとするものであり、そのことによって国家を破綻させると考えるのだ。

国家の支配者が暴力を行使するとき、それは国民の身体に直接に影響する。暴力を行使された国民は、身体の自由を喪失し、身体的な害をこうむり、最終的には生命を奪われることになる。それだけでなく、国家は暴力という直接的な手段を行使せずに、身体を媒介にして国民を支配するようになる。それが第5章で検討する生権力という国家の新しいあり方である。そしてこの生権力という新たな権力は、アレントの考えたように公的な場における討論の可能性も、根こそぎにするものだった。このいわば隠蔽された暴力である生権力は、ほんらいの暴力と同じように、公的な場における政治的な権力を無用で無益なものとしてしまう。政治的な領域において権力と暴力の関係に改めて光をあてたアレントの暴力論は、公共性の光の背後にあるものを注視するアレントの政治哲学のユニークな性格をわたしたちに示してくれるだけでなく、現代の生権力と生政治のあり方にまでわたしたちのまなざしを導いてくれるものとなる。

ソレルの暴力論

この文脈で暴力について注目すべき考察を展開したのが、フランスの社会思想家**ジョルジュ・ソレル**（一八四七～一九二二）である。ソレルは著書『暴力論』において、権力と暴力の関係をアレントのように権力の側が行使する暴力という観点からではなく、権力による支配を打破するための対抗的な暴力という観点から提起している。「権力(フォルス)は少数者によって支配されるある社会秩序の組織をおしつけることを目的とするものであり、他方、暴力(ヴィオランス)はこの秩序の破壊を目指すものである」[15]というのである。フランス革命以後の近代ヨーロッパの社会で考えると、権力を行使して支配してきたのはブルジョワジーであり、「プロレタリアートは、いまや彼らブルジョワジーと国家とに対して、暴力(ヴィオランス)によって反撃しつつある」[16]ということになる。

ソレルの定義した意味での暴力は、ウェーバーの考えた権力的な支配の物理的な暴力であるフォルスとは正反対の意味をもつものであろう。ブルジョワジーの国家支配を打破する革命を起こすことができるのは、プロレタリアートによるゼネストのもたらす暴力だけであると考えたのである。こうした対抗的な暴力は人々の意志として生まれるものであり、激しい生命力の顕現であり、人民の道徳性であり、「決定的闘争に突入する準備を整えつつある人民大衆の活動・感情および思想」[17]の現れであるという。ウェーバー風に考えるならば、国家の暴力装置に対抗することができるのは、人民が強いられている労働を拒否するという形で行使されるゼネストという物理的なものとはならないことが多い暴力だけということになる。

ただしソレルはゼネストにも政治的ゼネストとプロレタリア・ゼネストという二種類のゼネストを区別している。この区別にソレルの政治的な思想が明確に示されている。政治的ゼネストは、国家において経済的あるいは政治的な目的のために実行されるゼネストである。たとえば日本で一九四七年に計画された二・一ゼネストは、日本共産党と左翼勢力が当時の吉田茂政権を打倒し、共産党と労働組合の幹部による「民主人民政府」の樹立を目指したものだった。あるいはベルギーで行われたゼネストのように、「野心的に、ゼネストの名をかぶせた一つの示威運動によって、憲法改正を獲得した」[18]こともあるほどである。ただしこの政治的ゼネストでは結局は、労働者たちは国家および資本家の目的に奉仕することになってしまう。他方でプロレタリア・ゼネストは、プロレタリア独裁を実現することで、こうした権力の暴力をすべて廃絶することを目指すのである。

ここで注目しておく必要があるのは、ソレルがこのようなブルジョワ国家の重要な支配装置として、法を考えていることである。法は既存の秩序を維持するための要の役割を果たすものであり、権力が具体的に表現される場でもあるからである。ソレルはこの書物の序論で普遍的な自然法のようなものがありえないことを強調している。人間は時代と属する社会において異なるものを正義とするというのである。そしてパスカルを引用しながら、「われわれが犯罪とみる諸々の行動も、昔は道徳的とみられていた」[19]ことを指摘し、永続的な自然法のようなものは存在しえないことを確認する。そして「自然法の哲学は、権力（フォルス）と完全に一致する」[20]のに対して、暴力とはまったく一致しないことを確認している。自然法に基づいた正義と法は、国家の維持に役立つだけであって、人民の力の表現である暴力とは反対のものを目指しているのである。これに対してプロレタリアートの暴力は、こうした権力の暴力としてのフォルスに対抗し、これを廃絶することを目指すものである。

ソレルと近い立場にあったマルクス主義においては国家権力の行使する暴力だけに注目するものだったが、ソレルのこの暴力論は、マルクス主義に近いサンジカリズム（労働組合主義）の立場から、権力に対抗する暴力の重要性を提起したものとして、注目に値する。時には暴力でなければ変えようのない秩序というものもあるからだ。

ベンヤミンの「神話的な暴力」

革命による権力への対抗暴力というこのソレルの思想を受け継いでさらに展開したのが、ドイツの思想家**ヴァルター・ベンヤミン**（一八九二〜一九四〇）だった。ベンヤミンはソレルの暴力の二つの定義、すなわち権力の暴力としてのフォルスと、これに対抗する人民の暴力としてのヴィオランスという考え方を受け継いでいる。ただしドイツ語ではこの暴力の二つの概念を区別する言葉がなく、どちらもゲヴァルトという言葉で表現するしかない。そこでフォルスとしての権力の暴力についてはベンヤミンは「神話的な暴力」と呼ぶことにしている。そしてヴァイオレンスとしての人民の対抗暴力は「神的な暴力」と呼ぶのである。この二つの暴力について、もう少し詳しく検討してみよう。

まず神話的な暴力という言葉だが、これはギリシア神話において、驕り高ぶった人間の女性であるニオベを罰するためにゼウスが加えた暴力のことを指していることから「神話的な」という規定がつけられた。ニオベは自分の子供の数を誇った高慢さのために、自分の生命は奪われなかったものの、すべての子供たちを殺されてしまう。ゼウスは高慢な人間には罰を下すことを、この事例によって示したのであり、このゼウスの罰は人間に対する神の法となる。

この法は、権力を所有する者が、この権力に支配される者たちがある限界を逸脱したときに、これを罰することで、権力への服従をさらに強めることを目指している。この逸脱してはならない限界を示すためには、法を定める必要がある。そこでこれをベンヤミンは「法措定的暴力」と呼んでいる。この暴力が目指しているのは、権力を行使し、権力のもたらす威力を人々に明らかに示すことである。「権力があらゆる神話的な法措定の原理である」[21]のである。この暴力は人間が踏み越えてはならない「境界を設定する」[22]ものであり、犠牲を要求するものである。「神話的暴力はたんなる生命にたいする、暴力それ自体のための、血の匂いのする暴力である」[23]。

この神話的な暴力にはこうした「法措定的暴力」のほかに、「法維持的な暴力」も含まれる。権力は法を措定したのであれば、この法が守られるように、法からの逸脱を罰するために暴力を行使する必要があるからだ。具体的には国家においてはこの暴力は警察と司法機関が行使することになる。この二つの暴力は法の措定と法の維持という一見すると異なる機能を果たすようにみえるが、実際にはどちらも双子のようによく似たものとならざるをえない。「法維持的な

ヴァルター・ベンヤミン

Walter Bendix Schoenflies Benjamin
1892-1940

ベルリンの裕福なユダヤ人家庭に生まれる。ナチス政権樹立後フランスに亡命、都市と人の関係を考察する『パサージュ論』の執筆を始める。第二次大戦中、アメリカへの亡命途上、拘束され服毒自殺。ロマン主義やユダヤ神秘思想、マルクス主義の影響を受けた独自の文芸批評を散文の形で残す。

暴力」は多くの場合に「法措定的な暴力」へ変質せざるをえないのである。

法はすべての事例を考慮にいれて定められることはない。境界的な事例というものがつねに存在するし、こうした事例こそがその法にとって重要な意味をもつものである。そのときに警察がたんなる法の維持という機能を超えた働きをするようになる。「文明国家の生活における警察という現象は、どこにも捉えどころがなく、いたるところに偏在する幽霊のようなものであって、その暴力も無定形である[24]」のはたしかだろう。国家において警察は法を維持するだけでなく、「法を措定する——というのは、その特徴的な機能は法律の公布ではないが、法的な効力をもつと主張するありとあらゆる命令の発動なのだから[25]」である。この警察の法措定的な暴力のうちに、法というもののもつ「倫理的にはあやしげな[26]」性格が露呈されている。警察の行使する法維持的な暴力は、法そのもののうちに、そしてこの法を定める法措定的な暴力がすでにある意味で〈汚染されたもの〉であることを明らかにしているのである。

「神的な暴力」の目指すもの

これに対してソレルの人民の暴力としてのヴィオランスに相当するものとしてベンヤミンが提起しているのが、「神的な暴力」である。ニオベの神話と対比してベンヤミンが挙げるのが、「旧約聖書」においてモーセに反逆したコラの仲間たちに加えられた暴力である。エジプトを出て放浪していたイスラエルの民のうちで、コラは共同体の指導者たちを集めてモーセの指導に異議を申し立てた。ヤハヴェはこれを罰するためにコラたちを集めて、一挙に地の底へと沈めたのだった。「地は口を開き、彼らとコラの仲間たち、その持ち物一切を家もろとも呑み込んだ[27]」。

このエピソードはニオベの罰と比較すると、法を措定しないこと、人間の行為の限界を定めないこと、血が流れないことなどの点で大きく異なる。「この裁きは予告も脅迫もなく、特権者たる祭司長のやから（レヴィ）を衝撃的に捕捉して、かれらを滅ぼしつくすまで停止しない。だが、まさに滅ぼしながらもこの裁きは、同時に罪を取り去っている[28]」とベンヤミンは語っている。この神的な暴力は「すべての生命にたいする生活者のための純粋な暴力」であり、法を破壊し、限界を認めず、罪を取り去り、「血の匂いがせず、しかも致命的である[29]」という特徴がある。

ここでベンヤミンは、この神的な暴力と神話的な暴力の違いを示すために、ソレルが示した二種類のゼネストについての区別を使って説明している。政治的なゼネストは既存の法に代わる新たな法を措定することを目指すものであり、「法措定的な暴力」である。これは神話的な暴力の一つなのである。これに対してプロレタリア・ゼネストは何らかの政治的な目的を実現しようとするものではなく、暴力という手段に訴えずに、革命を貫徹しようとする。このゼネストは「労働が完全に変革されなければ、いいかえれば国家による強制がなくならなければ労働を再開しないという決意をもって行われる[30]」ものだからである。

だからこそ、「神話的暴力を打破するものは神的ゲヴァルト、非暴力的ゲヴァルトしかない。それがどのような形態をとるにせよ、神的ゲヴァルトのみが世界を変革することができる[31]」と言えるだろう。神話的な暴力では法措定的暴力と法維持的な暴力が循環していた。しかし神的な暴力は、この循環的な支配体制そのものを破壊することを目指す暴力である。「神話的な法形式にしばられたこの循環を打破するときこそ、いいかえれば互いに依拠しあっている法と暴力を、つまり究極的には国家暴力を廃止することにこそ、新しい歴史的時代が創出される」[32]とベンヤミンは主張する。既存の法体系と法秩序を改変するのではなく、こうした体系と秩序そのものを崩壊させ、新たな時代を創出することこそが、暴力ならざる暴力である神的な暴力の目指すものなのである。

神話的な暴力の汚染――デリダの論点

ベンヤミンはこの論文の冒頭で、「暴力批判論の課題は、暴力と法の関係、暴力と正義の関係を描くことだ」[33]と語っているが、神話的な暴力はすでに確認したように「法措定的な暴力」と「法維持的な暴力」に分類されるものであり、これは「暴力と法の関係」にかかわるものだということができるだろう。他方で「神的な暴力は、法を破棄する」[34]ものであり、この法の破棄は、正義という大義のもとに行われる。神的な暴力は「暴力と正義の関係」にかかわるものなのである。

神話的な暴力は、法的な関係にかかわるものであり、この法的な関係は、社会のうちでの人々の行動を律するという目的と、その目的を実現するための手段で構成される。この手段と

ジャック・デリダ

Jacques Derrida

1930-2004

フランス領アルジェリアのユダヤ系フランス人家庭に生まれる。フッサールの現象学の再検討から出発し、西洋哲学の伝統であるロゴス中心の形而上学を批判、脱構築（ディコンストラクション）、差延（ディフェランス）をキーワードとした哲学理論を提唱。多方面に影響を与えた。►4章・5章

目的の関係のもとで、自然法は「正しい目的のために暴力的手段を用いることを自明のこととみなす」[35]のであるが、実定法は「手段の適法性によって、目的の正しさを〈保証〉しようとする」[36]。どちらも「正しい目的は適法の手段によって達成されうるし、適法の手段は正しい目的へ向けて適用されうる、とするドグマ」[37]に依拠しているのである。

ところがこのどちらにおいても神話的な暴力はその内部から汚染されていることを明確に指摘したのがフランスの哲学者**ジャック・デリダ**（一九三〇〜二〇〇四）である。この汚染は二つの方向から生じている。一つは法措定的な暴力においてであり、もう一つは法維持的な暴力においてである。この法維持的な暴力において、法の維持を目的とするはずの警察が、法措定的な行為をなすことについては、すでに確認してきたとおりである。

デリダはこの汚染について、法維持的な暴力というものは、同時に法を措定する暴力であること、「維持作用の方でも、なお基礎づけのやり直しをする。それによって維持作用は、自分が基礎づけたいと思うものを維持することができるのである」[38]と指摘している。

それでは法措定的な暴力はどのようにして法維持的な暴力によって汚染されているのだろうか。これについてはデリダの「アメリカ独立宣言」という文章が明らかにしている。**トーマス・ジェファーソン**（一七四三〜一八二六）たちは、代表する一三の州の人民から与えられた権限のもとで、アメリカ独立宣言に署名したのだった。しかし人民たちはジェファーソンたちにこうした宣言に署名する権限をあらかじめ与えていたわけではない。彼らは人民の名において署名するが、「この人民は存在していません。人民はこの宣言以前には、そのものとしては存在していないのです[39]」とデリダが指摘するとおりである。それでも署名者たちは、あたかも架空の人民から署名する権利を認められているかのように振る舞うのであり、こうした人民から委ねられた全権のもとに、この文書に署名することを宣言したのである。

ここに奇妙な虚構が存在するのは明らかだろう。この虚構は、アメリカ独立宣言の場合に、もっとも目立つ形で暴きだされているが、すべての法措定的な権力は、このような虚構を隠しもっている。フランス革命の際にも、国民議会は自分たち第三身分が国民であると主張することで、第一身分と第二身分を含むすべての国民に適用されるべき憲法を発布する権限があると主張した。このような法措定的な権力がこうした虚構を隠しもっていて、それを隠蔽してみずからの権力の正当性を主張するのは、ある種の暴力である。「この基礎づけ作用は、新たな法／権利を創始する。しかもそれは、つねに暴力の中から法／権利を創始する[40]」のである。

これが「暴力」であるのは、既存の法を新たな法の設定という行為によって無力なものとするからである。「暴力は法／権利の秩序の外側にあるのではない。暴力は法／権利の内部から法／権利に脅しをかける。暴力の本質は、その威力ないしは何らかの手荒な力を行使してしかじかの結果を手にすることにあるのではなくて、所与の法／権利の秩序に脅しをかけたりそれを破壊したりすることにある[41]」からである。新たな法に署名するという行為は、それによって既存の法を一挙に抹消するという暴力を行使するのである。国家が暴力に頼らないゼネストを恐れるのは、この行為が既存の法にしたがう素振りをみせながらも、新たな秩序と新たな法の体系を構築する可能性を、すなわち新たな法を創設する不可視の暴力を行使する可能性があるからだ。「ゼネストは、授与された権利を行使して、既存の法／権利の秩序に異議を申し立て、ある種の革命状況をつくり出そうとするからである。ここでいう革命状況とはつまり、新たな法／権利を基礎づけようとすることであり、また常にではないが、新たな国家を基礎づけようとすることである」[42]。

このように国家の新たな法の措定のうちに隠された暴力は、この後に国家のうちで法維持的な暴力によって維持される治安によって正当化される。新たな国家の樹立によって治安が維持されることで、この国家の樹立のうちに隠されていた暴力が正当なものとされるのである。新たな国家のうちで「これからやってくる法／権利はそのお返しに、正義感に反するかもしれない［法措定的な権力のふるう］暴力を、過去にさかのぼって正統なものとする」[43]役割を果たすのである。法措定権力は法維持権力なしでは存続しえないのであり、そこに悪を正義とする汚染が発生しているのである。

わたしたちはすでに社会の秩序のうちで生活している。社会的な生活は平穏な生き方を望み、暴力を嫌悪する傾向がある。暴力は平和な生活を脅かすからである。しかし平穏な生活が底知れぬ抑圧の結果であることも、こうした抑圧を生むこともある。こうした社会的な生活は、ふだんは目に見えない「神話的な暴力」によって確保されているのである。デリダが指摘したように、社会を形成するはずの「法措定的な暴力」は、社会のうちで法に違反する者を罰する「法維持的な暴力」によってしか保証されないのである。わたしたちの社会は目に見えない暴力と人目を惹く暴力の循環的な構造によって維持されているとも言えるのである。暴力と秩序をめぐるデリダのこの考察は、秩序を確立し、維持する公的な法律の背後には、つねに暴力が潜んでいることを暴いたものであり、政治哲学の領域におけるデリダの重要な貢献と言えるだろう。

ウェーバーは現代の資本主義が人々を囲い込み、目に見えない形で抑圧する「鋼鉄のように硬い〈檻〉[44]」となってしまう危険性が強いことを警告していた。こうした不可視の〈檻〉を破壊することができるのは、血を流すことなく秩序そのものを崩壊させることのできる「神的な暴力」の力だけなのだろう。ここにはこうした秩序の変革を望んでも叶うことのなかったベンヤミンの苦い思いが籠められているようである。ベンヤミンのこの文章を読んだわたしたちのうちに残される苦い思いは、ナチスの暴力から逃れてスペイン国境で死を迎えたベンヤミンの絶望の余韻のようなものかもしれない。

第2節 戦争と国家

戦争とは

これまでは共同体や国家の内部での暴力について考察してきたが、この暴力が外部の共同体や国家に向けられると、その事態は「戦争」と呼ばれることになる。「戦争と政治的手段とは異なる手段をもって継続される政治にほかならない」[45]と語ったのはプロイセン王国の軍事学者**カール・フォン・クラウゼヴィッツ**(一七八〇~一八三一)であるが、ここで「異なる手段」とは直接および間接的な暴力にほかならない。「戦争とは一種の暴力であり、それが目指すのは相手に自分たちの意志を強要することにある」[46]のである。

この戦争という営みは、古代から利用しつくされてきたものである。しかし戦争が他の共同体の征服や侵略につながるかというと、そのような結果はもたらさないことが多い。戦争が、共同体の内部の矛盾を取り除く手段としてだけ使われることも珍しくない。というのも首長制の未開の社会では、戦争は国家の形成を防ぐための手段として利用されてきたのである。

たとえばアフリカのナイル川の上流に住むヌアー族は、牛の飼育で生きる牧畜の民であり、国家を形成することのなかった民として知られている。このヌアー族の近くには、同じような生活を送っているディンカ族が居住しており、この民族も国家を形成しない民である。これらの部族には、争論を解決するための法のようなものは存在しない。

ところが同じく近くに居住するシルーク族は、アフリカでも有名な王権を確立した国家である。このように国家を樹立した民族と国家を樹立することを避けた民族の違いには、社会の構造などのさまざまな要因があるだろうが、とくに重要な要因はヌアー族やディンカ族がたがいに戦争にあけ暮れているという点にあると考えられている。争いを「裁定したり裁決を執行したりする権力をもった権威は存在しない」[47]のである。争いは血の復讐という手段で解決されるが、部族の内部での対立を緩和するための重要な手段の一つが戦争なのである。

これらの民族は国家を樹立して法の力で争いを解決するのではなく、戦争という手段を利用する。「牧畜と同じように、戦いはヌアー族の主活動の一つとなっており、ヌアーの男たちの最大の関心事の一つでもある」[48]のである。戦さはヌアー族の男たちの「大きな娯楽」であり、少年たちは「大人に混じってディンカ族を襲撃に行ける日を待ち望んでおり、成人式をすませるや否や、富と戦士としての名声を手に入れるべく、ディンカ族襲撃のプランを練る」[49]のである。

戦争は両民族の「あいだの構造的関係[50]」となっているのである。

このようにたがいに戦争しあうことは、社会関係の維持のために重要な役割を果たしている。まずヌアー族は隣接するディンカ族に戦争を仕掛けることによって、民族の内部の対立を緩和することができる。戦争なしでは「ヌアー族は自分たちの内部でお互いに一層敵対的になっていただろう[51]」と考えられるからである。ディンカ族に戦争を仕掛けることで、ヌアー諸部族のあいだでの戦いを防いでいるのである。

さらに戦争は部族の共同体の内部での結合を強める働きをするが、部族を統一して国家を樹立するという方向に進むのを防いでいるのである。国家の樹立を避けるためにさまざまな知恵を発揮してきた未開民族についての研究で有名な**ピエール・クラストル**（一九三四〜一九七七）は、未開社会のうちにこのような分散と統一という対立する方向を維持するために、さまざまな論理が駆使されていると考えた。「未開社会に内在しているような遠心的な分散の論理、散逸の論理、分裂の論理が存在するのであり、各々の共同体は、みずからをそのようなものとして〈唯一不可分な全体性として〉思考するために、よそ者や敵という対立者の形象を必要としているのである。暴力の可能性はあらかじめ未開社会の存在のなかに記入されているのである。戦争は、未開社会の構造である[52]」。このようにして「未開社会は永続的な戦争状態の場所である[53]」のであり、この戦争によってこそ、社会を維持することができているのである。「戦争がなくなるとき、そのとき未開社会の心臓は鼓動を停止する。戦争は未開社会の基礎であり、その存在の生命そのものであり、その目的である[54]」とまで、クラストルは力説する。

世界の歴史は、文字に書かれることによって記録されてきた。そのため無文字社会のあり方は、歴史的な考察の領域の外部にある。どの国家がどの別の国家を征服しようとして戦争を仕掛けたか、あるいは国家の内部でどのような権力争いが行われたかということが、歴史の重要な事実として記録され、考察される。しかし歴史の記録の外部には、文書として記録されないだけで、抑圧的な国家を形成せず、法律をもたず、社会の秩序を維持する暴力装置をもたない多くの社会が存在していたのである。

わたしたちはそうした社会が「未開の」社会であるとか、「原始的な」社会であるとみなして無視してきた。たしかに歴史的な記録においてはそうした社会のあり方も、そうした社会において発生した出来事も、まったく残されない。しかしクラストルは、このような社会は人々を抑圧する「鋼鉄の檻」の成立を防ぐための貴重な構想と努力によって維持されてきたことを明らかにしている。

彼が人類学的な調査によって掘り起こしてきた「国家に抗する社会」は、抑圧に抗する社会であり、警察や監獄のような法維持的な暴力の発生を防ぐ社会である。たしかに文明の歴史は国家の歴史でもある。しかしこうした国家に抗する社会の存在は、文明という名のもとに先進的な兵器を使って殺し合いを展開する悲惨な現状に生きるわたしたちには、これまでの文明を支えてきた国家と社会のあり方についての考え方を一新するような独特な発想につながる道筋を構想する可能性を暗示しているのではないだろうか。

ドゥルーズ／ガタリの戦争装置論

フランスの哲学者**ジル・ドゥルーズ**（一九二五〜一九九五）とフランスの精神分析理論家である**フエリックス・ガタリ**（一九三〇〜一九九二）は、未開社会に存在するこうした戦争のメカニズムを「戦争機械」と命名した上で、クラストルの理論に同調する。戦争は国家の形成を妨げるものであり、「原始社会の戦争は、国家から派生したものでも国家を産み出すものでもなく、また国家によっても交易によっても説明されるものではない。戦争は、たとえ交易の失敗に制裁を加えるためであるとしても、交易から派生するどころか、逆に交易を制限し、〈同盟〉の枠内に維持し、交易が国家形成の一要因となって諸集団を融合させることを妨げているものなのである」[55]というのである。

ただしドゥルーズたちは、クラストルは歴史において国家が成立する経緯について考察できていないことを批判する。「彼らは国家の形成を妨げるメカニズムをもっていたのに、いったいなぜ、いかにして国家は形成されたのか？　なぜ国家は勝利したのか？」[56]という問いに、クラストルの理論では答えることができないからである。ただしこの問いはクラストルの問題提起に対してあまりフェアなものではないだろう。わたしたちの学んできた世界の歴史は、あたかも国家の形成の歴史であるかのように考えられていたのであるが、未開の民族は国家を形成することを拒むメカニズムとして戦争という手段を利用してきたことは、クラストルが明らかにした重要な成果だからだ。

もっともドゥルーズたちは国家と、こうした国家に抗する社会は相互的な関係にあることを指摘することで、クラストルの理論を補っていると言えるだろう。「外部と内部、変身する戦争機械と自己同一的な国家装置、徒党集団と王国、巨大機械と帝国、これらは相互に独立しているのではなく、たえざる相互作用の場において、共存しかつ競合している」[57]と考えるべきだと主張するのである。この書物『千のプラトー』は「器官なき身体」のような奇抜なアイデアと、平滑空間と条里空間、さらに多孔空間などの魅力的な概念によって、人間の歴史を新たな視点から考察するように誘いかける。刺激的なアイデアに満ちたおもちゃ箱のような書物で、わたしたちをずいぶんと楽しませてくれたし、いまだに掘り下げるべき多くの着想が隠されている書である。

第3節 永久平和論

エラスムスの『平和の訴え』

このように戦争は、古代の社会や未開社会では、他の共同体や社会との関係の本質的な要素となっていたことが分かるが、本来の意味での国家間の戦争はヨーロッパに国民国家が形成された一七世紀頃には、国家の存続にとって重要な意味をもつようになっていた。そして近代の国家において戦争が重要であっただけに、このような戦争を永久に廃止することを求める議論が展開されてきたのである。そこで本来の国家間の戦争論について考察する前に、この節では近代において誕生した永久平和論の系譜について考察してみよう。この永久平和論は、ロシアによるウクライナ侵略という予想外の「反時代的な」戦争の勃発によって、あたかもかつてのヨーロッパの戦争が再びわたしたちの現実の問題となってきた観のある現代において、新たに重要な課題となって立ち現われてきたのである。

宗教戦争が荒れ狂った一七世紀のヨーロッパの悲惨さを象徴するのは、一六一八年にベーメンで起きた新教徒による神聖ローマ皇帝に対する反乱に始まり、一六四八年のウェストファリア講和条約で終結した三十年戦争だろう。ヨーロッパ諸国の勢力争いのために、ドイツを主要な舞台としてオーストリア、フランス、スウェーデンなどの諸国が参加して展開されたこの戦争は、ドイツの人口の二割以上の人々を殺害した悲惨な戦争だった。これは当時のヨーロッパの帝国であるハプスブルク王国とフランスのブルボン王朝とのヨーロッパの領土と利害をかけた戦いであるとともに、カトリックとプロテスタントの諸国の宗教戦争でもあった。

この戦争の悲惨さは誰の目からみても明らかであっただけに、この当時から戦争を批判し、平和を希求するさまざまな議論が提起された。すでに一六世紀の初頭に始まった宗教改革は、カトリックとプロテスタントのあいだで国を荒廃させる激しい宗教戦争を巻き起こしていた。一五〇〇年頃にはヨーロッパ最強の国民国家になりつつあったフランスは、ヨーロッパにおける勢力の拡大を目指して、当時のヨーロッパを支配していたスペインとの長期的な戦争を始めることになった。この戦争は小国に分裂していたイタリアの領土をめぐって一四九四年から一五五九年まで六五年にわたって断続的に展開されたために、イタリア戦争と呼ばれることになる。

この戦争の惨禍に直面したユマニスムの理論家**デジデリウス・エラスムス**（一四六六～一五三六）は、一五一六年頃に『平和の訴え』を執筆して人々に戦争の終結を求めたのだった。「大多数の一般民衆は、戦争を憎み、平和を悲願しています。ただ民衆の不幸の上に呪われた栄耀栄華を貪るほんのわずかな連中だけが戦争を望んでいるにすぎません[58]」というのは、当時の常識だったろう。それだけに当時のヨーロッパにおいてユマニストとして高い評価を受けていたエラスムスは、『キリスト教君主教育』を執筆して、君主の説得と教育という手段で、ヨーロッパの現状を改善することを目指した。君主に戦争の惨禍を訴えることで、終結させることを願ったのだった。そしてフランスのフランソワ一世（在位一五一五〜一五四七）、スペインのカルロス一世（在位一五一六〜一五五六）、イングランドのヘンリー八世（在位一五〇九〜一五四七）などの君主たちに、「敬神の心篤い幸福な人々を、武力によってではなく法の支配によって統治するとき、その威光はいっそう光り輝くことでしょう[59]」と訴えかけることで、ヨーロッパに平和をもたらすことを望んだのである。

エラスムスによると、こうした君主たちは「この戦争をほめそやし、地獄の業火にもまがうおこないを聖戦とたたえ、おまけにたけり狂う君公たちをさらに煽り立て、いわば〈火に油を注ぐ〉ような徒輩[60]」たちによって戦争をするように唆（そそのか）されているというのである。エラスムスはそもそも人間は、鋭い牙をそなえた動物たちとは違って、他者の援助なしには生きていくことができない生き物であり、他者との和合は人間の本性にそなわった性質であると考えていた。自然は「人間だけは武器もなく、おまけにかよわいものに創ったのです。そのために人間は、ただ相互の盟約と親密な関係による以外に、まったく安全を保つことはできないようになっています[61]」と主張する。自然法の伝統のもとで、人間にはその本性として戦うのではなく、和合

デジデリウス・エラスムス

Desiderius Erasmus

1466-1536

ロッテルダムで司祭の子として生まれる。修道士となるもパリ遊学後は学究生活を送り、ギリシア語の原典を校訂しラテン語訳を付した新訳聖書を刊行。教会の堕落を批判し、聖書の愛と平和の福音の精神に統一された世界を目指し『愚神礼賛』『平和の訴え』『キリスト教君主教育』などを著す。

して生きるという性質がそなわっているると考えているのである。

グロティウスの『戦争と平和の法』

エラスムスから一世紀ほど後の時代にオランダで法哲学を専門としていたグロティウスは、エラスムスのこの議論を受け継ぎながらも、人間にそのような自然法に基づいた平和の本性がそなわっていることを正面から否定した。ルイ一三世(在位一六一〇〜一六四三)に献呈された『戦争と平和の法』の序文において、エラスムスについては、「教会および国民の平和をもっとも愛するわが同胞エラスムス」と称えながら、その平和の理論そのものについては、戦争という行為がもつ重要な意味を認識せずにただ平和だけを求めるのは、行き過ぎになり、「しばしば役に立たず、逆に害にさえなる」[62]と批判する。グロティウスは戦争には自己保存の行為という重要な役割があると考え、次のように主張するのである。

グロティウスは人間には「自然の状態において自己を保有し、自然に順応するものを保持し、それに反するものを斥けることは、第一の義務なのである」[63]と主張する。すなわち人間には自己を保存する権利があり、所有を侵害しようとする者に対して抵抗し、そのような他者を攻撃する権利があると主張する。「戦争の目的は、生命と身体各部分の保全、および生存に有用なるものの保持または獲得にある」[64]のであり、戦争は自然法の第一の原理に完全に適合するとされたのである。

グロティウスはそこから自然法に基づいて次の五種類の格律が存在すると主張する。第一は、他者の所有の尊重であり、「他人のものを侵さないこと」である。第二は他者の所有物およびそのものの所有から得た利益は他者に属するものと認めること、すなわち「われわれが何か他人のものを占有するか、あるいはそれから利益を得る場合にこれを返還すること」である。第三は、他者と結んだ約束を遵守すること、すなわち「約束を履行する義務」である。第四は、みずからが原因となって他者に損害が発生した場合には、これを賠償すること、すなわち「自己の過失によって生じたる損害を賠償すること」である。第五はこれらの格律を侵害した人物を罰すること、すなわち「人々の間においてその罪（メリトウム）に従って当然の罰（ポエナ）を課すること」[65]である。

これらの格律を遵守すれば、人々は戦わずに平和に生活できるはずだとグロティウスは主張する。しかしこれらの格律は守られないことが多い。その場合には、戦いの必然性と正当性が生じる。戦うことで自分の権利を守ることは正当だとされるのである。そうするとこうした理由によって国家のあいだの戦争もまた正当化されることになる。「戦争を行う正しき原因は、危害を受けることを除いては、他に何も存在しない」[66]のであり、自己の所有を侵害された場合には、戦争という手段に訴えるのは正当であるということになる。

グロティウスはこれらの論理によって、戦争が正義の戦争である場合と不正な戦争である場合を区別する基準を示そうとしたのであるが、結局のところは非戦の訴えをしたエラスムスと比較すると、国家の戦争の正当性を主張する議論に論理的な支えを与えることに終わった。正義の戦争の議論はつねにその本来の意図とは別に、実際には戦争を肯定する役割を演じることが多いものである。国際法の父と呼ばれるグロティウスは、当時のオランダにあって、国家の資本主義的な発展を促進する方向で、法哲学を構想していたのであり、この戦争と平和の理論も、その重要な一環となったのだった。

国民国家の登場とサン＝ピエールの永久平和論

一六四八年のウェストファリアの講和条約によって、長期的な宗教戦争は一応の解決をみた。「領主の宗教が領民の宗教になる」という原則によって、ヨーロッパの国民国家は自国内での宗教を統一することができ、他国の介入を防ぐことができるようになったのである。これ以降は「神聖ローマ帝国」の滅亡が確認され、帝国が姿を消したヨーロッパでは、勢力均衡の時代が始まる。この時代においては、いずれかの国が他国を圧倒するような国力をもちはじめると、他国が協力しあってこうした強国に対抗するという政治的な関係が生じることになる。域内の国家における領土権、国内領土における法的な主権の確認、主権国家による相互の内政不可侵という原理が確立された。これは現代までの国際法の根本原則となる。このようにしてエラスムスやグロティウスの頃のようにヨーロッパを名目にせよ帝国が支配していた時代とは異なり、明確に戦争と平和の責任を担う主体である国民国家が登場する。

しかしこのような主権をもつ国民国家の集まりであるヨーロッパでは、勢力均衡を目指す諸国は、勢力を伸ばしてきた国への対抗措置として戦争を不可欠なものとみなしていた。域内で諸国を支配する圧倒的な帝国が成立するのを防ぐには、戦争によってその芽を摘んでおかなければならないと考えたからである。国民国家の歴史は同時に戦争の歴史でもあった。それだけにこうした戦争を防いで平和を実現しようとする試みも何度も繰り返された。

それにはどんな方法が可能だろうか。すでに第2章で紹介してきたように一八世紀のヨーロッパにおいては、このようにつねに戦争を必要とする社会的な状態については、社会契約論の枠組みで思考された。ホッブズが考えたように、人々は自然状態ではたがいに他人の所有をわが物としようと狙っている戦争状態であるとみなすならば、これを解消するためには、人々は契約を締結して戦争のない社会状態を実現すべきであるということになる。ホッブズはこの社会契約で、社会の外部に戦争を禁止する権力を樹立する必要があると考えたのだった。それが社会にとっては第三者となる主権者であり、この主権者が国家の支配者となって、戦争を禁止するのである。

他方でロックは、自然状態はすでに社会状態であり、人々はたがいに平和に暮らしているが、それでも所有をめぐって争論が発生した場合には戦争になるので、このような戦争を防ぐために社会契約を締結する必要があると考えた。ホッブズは戦争状態から平和な社会状態を導くために社会契約が必要であると考えたのだが、ロックは社会状態が戦争状態に堕するのを防ぐために社会契約が必要だと考えたのだった。このどちらも、国家を形成することで、社会の内部での戦争を停止することを目指したのだった。

この時期のヨーロッパにおいては、国民国家が分立していた。そしてウェストファリア講和条約によって、国家の内部では宗教が原因となる戦争は発生しないように取り決めがまとめられたのである。しかし国家と国家の関係は、潜在的に戦争状態にあるとみなされた。そしてこの潜在的な戦争はつねに現実の戦争を導くのである。これを防いで永続的な平和を実現するには、社会の内部での戦争を停止させることを目指したホッブズ方式とロック方式のどちらかを、戦争が自然状態となっているヨーロッパの諸国とのあいだの戦争を停止するために、応用することができるだろう。

ホッブズ方式によると、国家はつねに戦争状態にあるために、現実の戦争が発生するのを防ぐためには、国家の外部に超越的な権力機構を樹立して戦争を禁じればよいだろう。ヨーロッパの諸国が協力して国家を超越した機構を作りだして、戦争を起こそうとする国家に対して権力を行使し、処罰を与え、戦争を防ぐのである。これは現代で言えば、違反した国にさまざまな制裁方式を適用する国際連合の機構を設立することに近いだろう。

ロック方式によると、ヨーロッパではすでに平和な社会状態が成立しているのであるから、争論を解決するためのメカニズムを作りだして、戦争を防止すればよいだろう。この場合にはヨーロッパの外部に超越的な権力機構を作りだす必要はなく、諸国が連合して、争論を解決する裁判所のような調停機構があればよいだろう。これは国連軍のような制裁機構をもたなかった国際連盟方式に近いだろう。

当初の永久平和構想は、まずロックの方式で進められた。その代表がフランスの外交官**シャルル・サン゠ピエール**（一六五八〜一七四三）の永久平和論である。サン゠ピエールは、ヨーロッパの大国の君主は、戦争を放棄して永久平和を実現することで、無用な経費を節減し、人民の生命と財産を守ることができるだけでなく、平和を実現することによって人々から尊敬され、高い名声を獲得することができると訴えた。彼は国の統治者に、次のように考えさせようとした。すなわち「統治者たちの真の栄光は、公共の福祉を促進することと臣下に幸福をもたらすことにある[67]」はずである。だから「自分たちの利害関係よりも自分の名声を重視すべき[68]」なのである。統治者たちは、一般民衆から高い名声を認められることよりも、賢者から高い名声を認められることを求めるべきであり、賢者は「統治者が人々にどのような善行を施すかによって[69]」、その統治者の名声の高さを決定するのである。

そして「永久平和という試みは、これまで企てられた中でも最も偉大な試みであるから、それを立案した人は不滅の栄光によって飾られることになるだろう。この企ては人民たちにとってもきわめて有益なものであるが、主権者にとってはもっとも名誉なものである[70]」と主張する。そしてこの企ては「流血や略奪や人々の涙や呪いの言葉によって汚されていない唯一の企てなのである。多数の諸国の国王のうちでももっとも高い栄誉を獲得するためのもっとも確実な方法は、公共の福祉のために尽くすことである[71]」と、統治者に言い聞かせようとするのである。統治者は、永久平和を実現することで、臣下たちと人民に真の幸福をもたらすのであり、それが最高の栄誉であるというわけである。

ルソーの永久平和論

サン＝ピエールのこの永久平和論の構想に注目したルソーは、このような構想を立てたサン＝ピエールの慧眼を高く評価した。ただしサン＝ピエールが君主たちに、永久平和を実現することで高い名誉を獲得せよと理性的に訴えていたのに対して、そのような方法は無効であり、むしろ君主たちに永久平和を実現することによって得られる名誉や経済的な利益を説いて、それによって君主を誘導すべきだと考える。ルソーは統治者たちの理性に訴えかけるのではなく、利己的な欲望と情念に訴えかけることで、この永久平和のプロジェクトを実現することを試みるのである。

さらにルソーはそれだけでなく、諸国の君主が主導して平和を実現しようとするサン＝ピエールのロック型の国際連盟方式よりも、ヨーロッパ共和国のような新たな超越的な機構を樹立して、違反する国には制裁を加える権力を確立しようとするホッブズ型の国際連合に近い機構が必要であろうと考えていた。

そのためには新たにヨーロッパ共和国のような組織を設立する必要があるが、諸国の君主たちにその必要性を納得させ、永久平和が国家の主権者にとって好ましいものとなるように、主として次の三つの重要な誘因を列挙したのだった。第一の積極的な誘因は、ヨーロッパ共和国が創設されることで、各国の主権者は他国に戦争を仕掛ける動機をもたなくなる可能性である。

それだけではなく、他の国から戦争を仕掛けられるという恐怖からも免れることも期待できる。「どの国の主権者も、他のすべての国を敵として戦うような危険に陥らないですむようになるのは、こうした計画のもたらす大きな恩恵である」[72]とルソーは指摘する。

第二の積極的な誘因は、国家連合に所属しても、自国の自由を放棄しなくてもよいことにある。一つの強国が宗主国のような地位についてヨーロッパ全土を支配し、秩序を維持したとしよう。この場合にも、国家連合を設立した場合と同じような戦争のない社会状態が実現されることになるだろう。それぞれの国は他国に侵略することができず、秩序を乱した国は宗主国によって制裁を受けるために、平和が実現されることがありうるだろう。しかしこの平和は、宗主国に従属する諸国が自国の自由を喪失することによって、初めて獲得しえた平和である。

これに対して国家連合では、加盟国はそれぞれに自国の自由を維持している。むしろ「連合によって与えられる保証の力で、自らの自由を強化することができる」[73]はずなのである。また「集合体を構成する国家の自由は、もしもそれがただ一人の指導者の手に握られるとすれば失われるだろうが、連合を構成する諸国の手に託されるならば、その自由は確保される」[74]ことになるだろう。

これはルソー的な社会契約においては、個人がひとたびは社会へと自己の自由を譲渡したとしても、個人はのち、自己の自由を取り戻し、さらに強めることができると考えられたのと同じである。ルソーは社会契約のアイデアを、国際政治に適用して、自然状態のうちにある国家に、社会契約を締結させることを考えたのである。

ホッブズ的な社会契約では、個人は自己の自由を外部の統治者に譲渡することで平和を実現した。ホッブズの提案した社会契約で設立された国家に所属する個人は、契約以前にもっていたような自由は喪失している。しかしルソーの構想する国家においては、個人は自然状態においてすべてのことを自由意志で実行できる自由は喪失しているが、社会において認められた所有権のもとで、新たな社会的な自由を獲得するのであり、この自由は自然状態における自由よりも高次の自由なのである。「人間が社会契約によって獲得したもの、それは社会的な自由であり、彼が所有しているすべてのものにたいする所有権である」[75]。

第三の積極的な誘因は、国家連合においては他国を侵略することが許されず、また他国に侵略される恐れもないために、常備軍が不要になることである。諸国は国家連合の費やす費用の分担は求められるとしても、これはすべての加盟国に経済的に、軍事的に、文化的に非常に大きな恩恵をもたらす性格のものである。経済的にみると、加盟国の統治者の財政は豊かになり、国内の商業と農業が奨励され、有益な施設が建設される。また芸術も奨励される。さらにその国が獲得できる安全保障は、「平和な時期にあっても絶えず国家を疲弊させる軍隊によってえられる安全保障よりも、はるかに完全なものとなる」[76]だろう。さらにこのようにして域内の武装の費用が節減されるために、域外の諸国からの侵略に対して防衛するために必要な費用を生みだすことができるだろう。

このようにしてルソーは、社会契約のアイデアを国際政治に適用することで、当時の政治哲学の枠組みを拡げようとしたわけである。そしてサン＝ピエールのように、当時の国家体制を維持しながら、域内の諸国の君主たちに永久平和を実現することによって生まれる利益を説き聞かせるのではなく、ヨーロッパ共和国という国家間契約によって永久平和を実現するという超越的な政治的観点から永久平和を主唱しているのである。

そしてこのルソーの構想は、専制的な国家ではこのようなヨーロッパ共和国を設立する意図をもちにくいことを想定した上で、国内ですでに社会契約を結んだ市民的な国家のあいだでのみ、永久平和が実現する可能性があることを示唆するものだった。このルソーの永久平和論の構想を受け継いだのが、ドイツの哲学者**イマヌエル・カント**（一七二四〜一八〇四）だった。

カントの永久平和論

ルソーの構想を引き継いだカントは、サン＝ピエールのようなロック型の国際連盟方式ではなく、むしろホッブズ型の国際連合方式に基づいて永久平和論を展開する。カントは永遠平和が確立されるための前提条件として、すでに共和政の国家が設立されていて、これらの国家が戦争状態を解除するために連合国家を樹立することを想定しているからである。カントはルソー的な社会契約のもとで国家が樹立されると想定する。カントの構想した国家は、理性的な市民が啓蒙の精神のもとで作り上げる共和制の国家であった。この国家においては、戦争をする場合にも決定を下すのは国民みずからである。君主や貴族が支配している場合には、その費用も生命の負担も君主や貴族が負うことはない。結局は国民に転嫁されるのである。だから共和政でない国家は、すぐに戦争を始めるに違いない。
しかし共和政の国家では、戦争という「割にあわない〈ばくち〉[77]」には躊躇して当然なのである。だからカントはもしも永久平和を実現することができるのであれば、国家は共和政の政体を採用していることが必要だと考えるのである。これが永久平和の実現のために求められる第一の条件である。

さて、国家の内部ではこのように共和政を採用していたとしても、諸国家の間にはまだ自然状態が支配している。諸国に自由と平等と独立の原則をもって行動するように強制する外的な法も審級も存在しないからである。国家は自然状態においては、ホッブズの自然状態と同じように潜在的な戦争状態のもとにある。そのために諸国家は戦争の惨禍を回避するために、国家の外部に超越的な権力を樹立することを求めるだろう。

カントは「民族は自然状態においては、すなわち外的な法にしたがっていない状態では、たがいに隣あって存在するだけでも、ほかの民族に害を加えるのである。だからどの民族も、みずからの安全のために、個人が国家において市民的な体制を構築したのと同じような体制を構築し、そこでみずからの権利が守られるようにすることをほかの民族に要求することができるし、要求すべきなのである[78]」。これが国際的な連合である。

ただ問題なのは、自然状態にある人々には強制して国家を設立させることは可能であるが、国家に対して国際法でこうした国家連合を設立するように強制することはできないことにある。
「というのはどの国家もすでに国内では法的な体制を確立しているので、ある国がみずからの法

イマヌエル・カント

Immanuel Kant

1724-1804

ドイツの馬具職人の子として生まれる。人間理性の可能性と限界を洞察した三批判書（『純粋理性批判』『実践理性批判』『判断力批判』）を著し、フィヒテ、シェリング、ヘーゲルと連なる思想的系譜の端緒となった。また、常備軍の全廃や国際連合の創設を提言した『永遠平和のために』を著わす。

の概念にしたがって、他国に命令しようとしても効力はないのである」[79]。

だから永久平和が可能となるためには、さまざまな国家が強制によらずに、自主的に連合を形成して、戦争を根絶することが必要である。もしも強制によって共同体を設立するとなると、これは世界国家というものになるだろう。そこでは戦争は根絶されるかもしれないが、民族の差異が解消されてしまい、さまざまな国家の競合という概念そのものが消滅する。カントは、さまざまな国家はたがいに競合することで、国内の自由と文化を確保すると考えていた。ただしこのような世界国家が樹立されたならば、さまざまな民族の自由と文化は消滅してしまいかねない。

そうしてみると世界国家は永久平和を確立するための「積極的な概念」ではあるが、それは自由と文化の消滅のもとで、歴史の終焉とひとしいものとなる危険性を秘めていると言わざるをえない。そこでカントが提案するのは、世界国家の樹立ではなく、「たえず拡大しつづける持続的な連合」[80]という消極的な理念である。「この連合が、戦争を防ぎ、法を嫌う好戦的な傾向の流れを抑制する」[81]ことを期待するほかないのである。これが永久平和が可能となるための第二の条件である。

カントは最後に世界市民法的な見地から、永久平和の確保のための補足的な規定を定める。第一の規定は、歓待の掟である。これは外国から訪れた人が平和に行動するかぎりは、滞在を認められる権利であり、「昔からの住民との交通を試みる可能性の条件を提供するもの」[82]である。ただ、これは永住権ではなく、国を一時的に、そして平和的に訪問する権利である。この権利は、外国から他者を迎えいれて、わたしたちの知らない思考と生活を学ぶ機会でもある。外国を訪問する機会をもてない者にも、新しい視点から自分たちの生活を見直すためのチャンスが与えられるだろう。そしてこれまで知らなかった「世界の遠く離れた大陸がたがいに平和な関係を結び、やがてはこの関係が公的で法的なものとなり、人類がいずれはますます世界市民的な体制に近くなる」[83]ことも期待できるだろう。グローバリゼーションが進んだ現代にあって、わたしたちは世界市民（コスモポリタン）として生きる方法を模索するためにも、この原理についてもう一度思いをめぐらせるべきだろう。

ところでデリダは、移民の入国と権利付与をめぐってこのカントの歓待の思想を考察しながら、現代の世界は「絶対的で、無条件で、誇張的な歓待の唯一無二の掟」[84]という理念を必要としていることを強調した。現実の問題としてすべての移民希望者にこのような歓待を与えることは不可能である。しかし扉を閉ざしてしまう前に、他国の人間を「歓待する」ことによって、他者が受け取ることのできる権利について、わたしたちが受け取るはずだった恩恵について、考え直してみることは、必要なことなのではないだろうか。

現代史においては、西洋の諸国はこの歓待の権利を悪用してきた。ヨーロッパの諸国はアフリカ、アジア、アメリカの土地に侵出し、その土地をあたかも無住の地でもあるかのように征服し、植民地としたのだった（このリストにわたしたちは西洋の諸国だけでなく、日本と、海外植民地での日本の蛮行を追加しなければならないのは残念なことである）。「商業のための支店を設置するという口実で外国から軍隊を導入し、この軍隊の力で住民を圧迫し、現地のさまざまな国家を扇動して戦争を広めさせ、飢餓や叛乱や裏切など、人類を苦しめるあらゆる種類の禍悪の嘆きをもたらした」[85]のである。

カントはこのような蛮行を禁じるべきだと考える。これは永久平和のための障害となるからである。それは地球がグローバルなものとなったため、そして「拡張された思考」のもとでは、地球の遠隔の場所で犯された蛮行も、すぐにわたしたちに影響するようになったからである。そしてカントは、「世界市民法という理念は空想的なものでも誇張されたものでもなく、人類の公的な法についても、永遠平和についても、国内法と国際法における書かれざる法典を補うものとして必然的なものなのである。そしてこの条件のもとでのみ、人類は永遠平和に近づいていることを誇ることができる」[86]ことを、この論文の結論としているのである。もちろんその後の歴史は、こうした永久平和の実現がさまざまな要因からますます困難になったことを示している。それでもカントのこの構想は、わたしたちにとって将来において実現されるべき夢として残りつづけるだろう。

第4節 近代の戦争論

クラウゼヴィッツの戦争論

このようにサン＝ピエールからルソーを経由してカントにいたるまで、ヨーロッパの思想家は三十年戦争の後のウェストファリア講和条約で定まったヨーロッパの勢力均衡の体制のうちで、いかにして戦争という暴力によらずに政治的な問題を解決できるかという観点から戦争について考察し、永久平和の可能性を模索してきたのだった。ところがこのような永久平和論は、ヨーロッパの諸国ができるかぎり戦争を回避し、やむをえない場合にかぎって政治の延長として戦争という暴力に訴えかけるものであることを想定していた。

これは理性による人間の統治を目指した啓蒙の時代にあっては当然とも言える考え方であっ

た。戦争はわずかな領土を獲得できるとしても、その利益を上回る災厄をもたらすものであることは、すでにルソーが明確に示してきたとおりである。しかし戦争には戦争に固有のダイナミズムが存在し、戦争というものはひとたび開始された後にはその継続と拡大をもたらす働きを自己のうちに蔵するものであることが、明らかになってきた。

これにはフランス革命とナショナリズムが大きな力を発揮した。フランス革命はそれまでのウェストファリア体制を根幹から揺るがすような影響力を発揮した。フランス革命以前の戦争は、君主や貴族たちが傭兵の力によって遂行するものであった。ところが平民である第三身分の人々の主導したフランス革命が成功し、君主と貴族が支配する国家体制が打破されると、革命の成果を憎む周囲の君主国から、フランスは一斉に攻撃されることになった。革命後のフランスでは、この外国からの攻撃に対抗するために、そして革命の成果を守るために、金で雇われるのではなく、徴兵令のもとで徴集された国民兵が、他の君主国とは比較にならないほどの兵員数と高い士気をもって、国家を防衛するために出陣するようになった。開戦が宣告されると**マクシミリアン・ロベスピエール**（一七五八〜一七九四）は「もはや宮廷ならびに宮廷の使用する陰謀家どもの戦争でなく、人民の戦争をなさねばならず、またフランス人民は立ちあがり、すっかり武装しなければならぬ」[87]と宣言した。こうして愛国心に訴えた人民の総武装が始まる。

この国家防衛という理念とそれを支えるナショナリズムの情念によって動かされたフランスの人民の軍隊は、その数の多さと、訓練に基づいた規律と技術的な改善の力で、周囲の旧態然とした諸国の軍隊を圧倒したのであった。「愛国心にうったえた徴募は成功し、一七九四年の一月には六十三万五千に達した。そのとき連合軍は合計約四十万[88]」にすぎなかった。こうして「国家のために老若男女のだれもが軍事的奉仕を果たさねばならないという革命的原理[89]」に基づいたこの国家総動員は大成功だった。この動員数は、「かつてルイ十四世が軍隊に組織しえた最大人数にくらべても、その二倍以上であった[90]」のである。

フランス軍はナショナリズムによって意気軒高であり、しかも傭兵ではなく、愛国心に燃える兵士たちで構成されていたので、士官たちは兵士たちの自主的な戦闘意欲に依拠することができた。「散兵を自由自在に活用する能力において、フランス陸軍は他国の陸軍にくらべて、規律が自発的である度合いが高かったために卓越して[91]」いたのであり、そのため「高速度の行軍、戦略的集中、戦場での攻撃的戦術が、それ以後のフランス陸軍の十八番となった[92]」のだった。こうしてフランス軍は連合軍(ロシア、ポルトガル、ネーデルランドなど)との戦闘で連戦連勝の勢いを示したのである。

ただしナポレオン統治下のフランス軍は自由と独立のイデオロギーを正面に出して外国を征服し、自国に好意的な傀儡(かいらい)政権を樹立した。このイデオロギーは征服された諸国に、フランスと同じように独立して自由を手にしたいという強い願いを生みだしたのだった。フランスに征服されたドイツでは哲学者**ヨハン・ゴットリープ・フィヒテ**(一七六二〜一八一四)がナポレオンに占領されたベルリンで「ドイツ国民に告ぐ」という講演を行って、ドイツ人が主体となる国家の樹立を訴えた(この講演については第4章第3節で詳しく考察する)。そして同時代のプロイセンの軍人であったクラウゼヴィッツもまた、いかにして国民に自国を防衛するのが重要なことであるかを認識させるかという課題を追求していたのであり、フィヒテと同じことを目指していたのである。

すでにクラウゼヴィッツは『戦争論』において、戦争が政治的な判断として遂行されることを指摘していたが、開戦という政治的な判断が下されると、戦争はもはや止めがたい勢いをもつことを明らかにしていた。クラウゼヴィッツは戦争にはつねに拡大する傾向が内在していることを、三つの交互作用として説明している。

第一の交互作用は、暴力拡大の交互作用であり、「戦争はある種の暴力であり、こうした暴力には限度はない。そこで交戦者のいずれもが自己の意志をいわば掟として相手に強要する。そこで両者のあいだに交互作用が発生し、この交互作用は理論的には極限にまで達せざるをえない[93]」ことになる。

第二の交互作用は、敵を殲滅することを意図した交互作用であり、「われわれが敵を完全に打倒しないかぎり、敵がわれわれを完全に打倒することを恐れなければならない。そうなるとわれわれはもはや自主的に振る舞うことができなくなり、敵はその意志をいわば掟としてわれわれに強要することになる[94]」のである。この恐れが暴力の行使をさらに拡大させることになるだろう。

第三の交互作用は、暴力の行使の極限化の交互作用である。「双方は力を競いあうので、双方の力の行使は、それぞれの側のたんなる思い込みからしても、ふたたび極限に達せざるをえなくなる[95]」のである。これらの三つの交互作用によって、戦争における暴力の行使は抑制するメカニズムを喪失して、つねに極度にまで達することになりがちなのである。

しかしさまざまな要因から、このように極限にいたるまで戦争を拡大することが不可能となる。とくに戦争の遂行は費用がかさむものであるから、経済的な苦境が著しくなると、戦時下にある民衆の生活は苦しいものとなり、戦争に反対する勢力が強まることになるだろう。そこで開戦の際には放棄されていた政治的な意志がふたたび登場して、このような戦争の無限の持続と暴力の極限にいたる行使に歯止めがかけられることになる。戦争は政治的な配慮を押しのけて、暴力を極限にまで行使して敵を完全に打倒するという目的を実現しようとしていたのだが、「この意図がその本来の目標から後退すると、政治的目的がふたたび出現せざるをえない[96]」のである。多くの戦争においては、このように政治的な目的から戦争における暴力行使へ、そして戦争における暴力行使から和平を目指す政治的な交渉へと、振り子のように目的が転換されるものである。だからこそ「戦争は政治的交渉の継続であり、政治におけるとは異なる手段を用いてこの政治的交渉を遂行する行為にほかならない[97]」のである。

第二次世界大戦後の冷戦期を経て、わたしたちは熱い戦争はもはや局地的なものにとどまると信じ込んでいた。しかしロシアが二〇二二年にウクライナに侵攻してから、ふたたび世界的な戦争と核兵器の使用の危険性がわたしたちにとって現実的なものとなったのだった。この戦争は今のところはロシアとウクライナの局地的な戦争にすぎないが、ウクライナをＮＡＴＯとアメリカ合衆国が後援しているために、この局地的な戦争がきっかけになって、第三次世界大戦へと拡大するのではないかという懸念をわたしたちは振り払うことができないでいる。このロシアとウクライナの戦争は、わたしたちをあたかも一九世紀のクラウゼヴィッツの時代に引き戻したかのようである。

ヘーゲルとほぼ同時代のクラウゼヴィッツは、それまでの戦争論とは違って、実際に兵士として戦闘に従事した経験者としてこの『戦争論』を執筆した。クラウゼヴィッツは戦争を組織し、遂行するために必要なさまざまな要素を詳細に検討し、戦略と戦術の区別など、その後の戦争論の土台となる基本的な枠組みを確立したのである。わたしたちは戦争について考えるときには、何度もこのクラウゼヴィッツの書物に立ち戻る必要がある。

なお、その当時はプロイセンのアウグスト親王の個人的副官をつとめていたクラウゼヴィッツは、トルストイの『戦争と平和』の主人公の一人のピエールと同じように、フランス軍との戦闘で敗れて、親王とともにナポレオンの捕虜になっている。ピエールが捕虜になった戦闘の背後の軍の状況なども、この『戦争論』から読み取れるはずだ。これもこの書物を読む別の楽しみと言えるだろう。

カール・シュミットの戦争論

現代において戦争についての重要な思想的な展開を遂行した思想家として、ナチスの時代に法学者として活躍した**カール・シュミット**（一八八八〜一九八五）を忘れることはできないだろう。ナチスの桂冠学者と評されたシュミットであったが、ある時期にナチスの思想に共鳴したことはあったものの、彼はナチスのイデオロギーに協調したというよりも、その時代の思想的な流

カール・シュミット

Carl Schmitt

1888-1985

ドイツのカトリック家庭に生まれる。大学で法学を学ぶ。独裁と民主主義の共存、友と敵を峻別する政治概念を提起しヴァイマル体制を批判。ナチス政権成立後は法学者として重用されるも親ユダヤ発言を問われ失脚。第二次大戦後はアメリカ軍に逮捕されるが不起訴となり、以後、故郷で執筆活動を続ける。

れのうちで、ナチスと同調する時期があっただけのことだろう。シュミットの主著の『憲法論』などは、ドイツの正統的な法哲学を展開したものであり、ナチスに媚びるようなところはなかったのである。

シュミットの戦争思想には三つの重要な要素がある。第一の思想的な特徴は、戦争の遂行される空間が、それまでの陸上の戦いという一次元的な空間だけでなく、陸と海という二次元的な空間に発展したこと、さらにこれに空と宇宙という三次元的な空間に広がっていることを明確に示したことである。ナポレオン戦争を含めて、伝統的なヨーロッパの戦争は、大陸において大隊単位の軍隊が衝突することで、勝敗を決していたのである。この戦いは大隊の前線が衝突しあう「線の戦い」だった。しかし軍艦を使った海戦が本格的なものとなるとともに、陸地での戦いでは勝負がつかず、海という新たな空間を支配した側が、兵站の面でも、海からの陸にある都市の攻撃という面でも、はるかに有利な立場に立つようになった。もはや陸地での線の戦いではなく、陸と海という「平面」に戦争の主軸が移行したのである。

このようにして陸とは別の海という新たな空間的な次元が意識されることで「空間革命」が発生する。「人間の基準や尺度やその外的な地平だけでなく、空間概念そのものの構造までが一変してしまう」[98]のである。日本でも幕末にイギリスの軍艦によって爆撃された長州藩は、軍艦からの砲撃を前にして打つ手のないことを実感させられたのである。

そしてこの空間革命は、海という新たな空間の登場だけで終わるものではなく、空というさらに重要な空間の登場によって面目を新たにした。それまでは制海権を確保していれば圧倒的な優位にあると信じていることができたが、第二次世界大戦では空爆によって、遠く離れた敵国から都市が破壊されうることが新たに認識されたのだった。ロンドン空爆は有名だが、シュミット自身も連合軍によるベルリン空爆によって、焼け出されている。「さらに航空機の登場によって、海のエレメントと陸のエレメントに加わる新たな第三の［空という］次元が征服された。今では人間は陸と海の平面から、空へと高く飛翔したのであり、これによってまったく新しい交通手段を、同時にまったく新しい武器を手にした[99]」のだった。

第二の思想的な特徴は、このような新たな空間的な次元の登場にともなって、国家の占める空間が、物理的な国境によって定められるだけではなく、国家が生存するために必要な地理的な領域としての「生存権」という概念が登場したことである。これは「圏域」の思想と呼ばれ、このような圏域という概念から世界と戦争について考察する学問は「地政学」と呼ばれる。この学問はシュミットが始めたものではなく、**アルフレッド・セイヤー・マハン**（一八四〇〜一九一四）が先鞭をつけた学問であるが、シュミットは第二次世界大戦当時のアメリカのモンロー宣言による南アメリカの「裏庭」化と日本の大東亜共栄圏の概念を具体的な実例として挙げている。これは世界の大国には、領域の保存と権益の保護のために、国境の枠組みを超えた勢力圏が認められるべきであるという思想であり、ドイツや日本のファシズムの思想を裏づけるものでもあった。そして自由主義的な思想を主唱するアメリカやイギリスなどの諸国がこうした圏域を無視して、帝国主義的な野心を貫徹することをシュミットは批判する[100]。こうした野心は「世界を圏域を無視して抽象的な世界市場・資本市場に転化させること」を目指すものだと批判するのである。

　これはグローバリゼーションに対抗して、自国の生存圏を主張する現代の戦争の論理の背景となる思想である。不凍港の必要性を主張するロシアや勢力圏を確保するために海洋上に恣意的な軍事的防衛ライン「第一列島線」を主張する中国は、こうした生存圏の思想によって戦争を遂行することを厭わないようである。

　このようなシュミットの圏域の理論はその当時、「ドイツ・モンロー主義」と呼ばれた。そして当時のヒトラーが演説において「ドイツ・モンロー主義」を主張し、その裏付けとして人種的で民族的な秩序の思想を採用していたために、シュミットのこうした広域の思想も、そのようなものとして受けとめられる傾向があった。ただしシュミットのモンロー主義は、主として政治的な不干渉を目指したものであり、著書において民族主義的な思想を主張したことはないようである。

　第三の思想的な特徴はパルチザン戦争の概念を明確にしたことにある。シュミットによるとパルチザンという戦闘形態が登場したのは、スペインに侵入したナポレオンの軍隊に抵抗するために市民が独自に組織したゲリラ戦に始まるという。ドイツでは同じくナポレオン軍の征服に抵抗するために、プロイセンの参謀本部が市民に呼びかけてこのパルチザンの戦いが遂行された歴史がある。クラウゼヴィッツはドイツ国民の総武装で侵略軍に抵抗することを提案していた。そしてナポレオン軍に抵抗したスペインのパルチザンの戦いについては、「スペイン国民は、なるほど個々の軍事的行動においては幾多の弱点と手抜かりを免れえなかったにせよ、しかしその執拗な闘争において国民総武装と侵略者に対する叛乱という手段とを用いれば、全体として絶大な能力を発揮しうることを実証した」[101]と高く評価していたのである。

シュミットはクラウゼヴィッツの『戦争論』については詳細に検討して高く評価しているだけでなく、「プロイセンの短命な義勇軍命令」[102]の中にパルチザンが「新しい決定的な役割をもち、新しいこれまで承認されなかった世界精神の姿をして、初めて登場してきた」[103]ことを強調している。というのもパルチザンはシュミットにとってはたんなる新たな戦闘形態であるにとどまらず、その非正規の兵士というあり方によって、これまでの戦闘概念を一変させうる存在であると思われたからである。

二〇〇一年のアメリカの同時多発テロ以降というもの、戦争は正規の軍隊同士が正面から対決するという古典的な形態だけでなく、武装した市民によるゲリラ的な戦いや、正規の軍隊にとっては非対称的な戦闘形態をとる傾向が顕著になっている（現在のロシアとウクライナの戦争は、まるで第一次世界大戦の時期に逆戻りしたかのような印象を与えることで、わたしたちを逆の意味で驚かせたのだった）。

シュミットはパルチザンが核兵器で武装するときがくることを想定している。「現代のパルチザンは、自動小銃、手榴弾、プラスチック爆弾を使って、おそらくやがては戦術的核兵器を使って、闘うのである」[104]という。そのときにはこれまでの伝統的な戦略と戦術についての議論は霧散してしまうだろう。そしていずれは先進的な技術で武装した「新しい種類のパルチザン、すなわち工業パルチザン」[105]が登場することになるだろう。そのときには、「新しい種類のパルチザンは、世界史に新しい種類の空間取得を伴った新しい章をつけ加えることができるだろう。このようにして、われわれの問題は惑星的次元へと拡大する。さらにそれ以上に超惑星的なものへと成長する。技術的進歩は宇宙的空間への航行を可能にし、その結果、同時に政治的征服のための無限の新しい挑戦が始まる」[106]とシュミットは恐るべき予言をする。

大地の空間での戦闘から始まったパルチザンは、海賊として海の空間を制覇し、やがては工業パルチザンとして空と宇宙の空間へと飛翔するとシュミットは予言する。このような新たな空間の獲得と新たな戦争は、パルチザンによってしか担われることがないかのようである。この黙示録的な予言は、わたしたちに未曽有の、そして暗澹とした将来を予測させる。

レヴィナスの戦争と平和

わたしたちの世界は今、戦争の暗いイメージによって覆いつくされようとしている。そして冷戦の終結とソ連の崩壊によってもはや大規模な戦争状態は終焉したと思われたにもかかわらず、二一世紀はアメリカの同時多発テロという禍々しい出来事によってその暗い未来を予感させる形で始まった。わたしたちが生きていた平和の時は、戦争の束の間の停止にすぎず、束の間の幻想であったかのようである。

哲学の世界で平和が戦争の別の顔にすぎないことを以前から告げ知らせていたのはリトアニア出身の哲学者である**エマニュエル・レヴィナス**(一九〇六〜一九九五)である。ユダヤ人であったレヴィナスは第二次世界大戦の際にドイツの収容所に捕虜として収容され、家族の多くをアウシュヴィッツの絶滅収容所で失った。彼は一九六〇年に、第一の主著である『全体性と無限』を刊行したが、その序文で戦争と平和についての鋭い考察を展開している。そこでレヴィナスは「聡明さは、戦争の可能性が永続するものであることを見てとることにあるのではないか。戦争状態によって道徳は宙づりにされてしまう。戦争状態になると、永遠なものとされてきた制度や責務からその永遠性が剝ぎとられ、かくて無条件的な命法すら暫定的に無効となるのである」[107]と語っていた。

カントが示した道徳的な定言命法は、絶対的な命令としてわたしたちを拘束するはずのものだった。旧約聖書において告げられている「汝、殺すなかれ」は人間に課せられた最大で最古の定言命法と言いうるものだった。しかし戦争に駆り出された人々には、「汝、敵を殺すべし」が定言命法として定められる。道徳の掟は戦争とともに「宙づりにされてしまう」のであり、「無条件的な命法すら暫定的に無効となる」わけだ。そして第一次世界大戦に始まった総力戦のもとで、わたしたちの生活の全体が戦争の影のもとに置かれる。戦争がわたしたちの生の全体性となる。この戦争が作りだす「戦争の秩序に対しては、だからなにものも外部的ではありえない」[108]のであり、「戦争において存在が示すことになる様相を劃定(かくてい)するのが、全体性という概念である。西洋哲学はこの全体性の概念によって支配されている」[109]のである。わたしたち個人は自分の生の意味をこの戦争の影のもとで、「それぞれに唯一のものである現在が、未来のために絶えず犠牲にされ、未来は現在の唯一性から客観的な意味をとり出すために呼び出される」[110]

ほかなくなるのであり、戦争が支配するこの時代の行く末から、現在の意味を理解しなければならなくなるのである。

そして平和というものは、真の意味での戦争の終結ではなく、新たな戦争のための準備期間にすぎなくなるだろう。「戦争に由来する諸帝国の平和もまた、戦争にもとづいている。そうした平和によって、すでに疎外されて生きている諸存在が、失われたみずからの同一性をとりもどすことはできない[111]」のである。そのためには全体性に支配された西洋の哲学の大前提を疑問に付し、「存在との本源的で独特な関係が必要となる[112]」と言うべきだろう。このレヴィナスの書物は、そうした関係を「無限なもの」との関係とか、「終末論的なヴィジョン」と呼ぶ。「終末論的なヴィジョンによって、戦争と帝国という、ことばが語られることのない全体性が切断される。そのヴィジョンが目ざしているのは、全体性として理解された存在の内部での歴史の終末ではない。このヴィジョンにより、むしろ全体性を踏み越えた存在が、無限なものと関係することになる[113]」ことが期待されるのである。レヴィナスはフッサールの現象学とハイデガーの存在論の哲学によって大きな影響をうけている。この現象学と存在論は現代の哲学の「地平」となり、ここから出発するしかないのである。それでもこのような現象学と存在論によっては、現代の戦争と平和のあり方が象徴的に示している全体性という思想的な枠組みを打ち破ることはできないとレヴィナスは考えた。そしてわたしたちの思想の全体性を超越し、哲学の既存の構図を乗り越える思想を模索しようとしたのである。

歴史を見直すベンヤミンのメシア思想論

レヴィナスはこの終末論的なヴィジョンという言葉を「メシア的な平和についての終末論[114]」ともいいかえている。メシアとはユダヤ教の救世主のことだが、レヴィナスはなぜ終末論にこのメシアという概念をもちだしたのだろうか。この分かりにくい言葉についてはベンヤミンの歴史論を参照することで理解が深まるだろう。終末論という思想は、戦争とは直接の関係はないように思えるが、戦争と平和で織りなされる歴史というものの全体の「終わり」を考える思想であり、前の節で考察した戦争の完全な終焉としての永久平和を別の形で実現する可能性についての思想なのである。そしてメシアという概念は、ユダヤ教の伝統から派生したものではあるが、伝統的な歴史についての見方を覆して、新たな歴史観を生みだすために役立てることのできる思想的な装置なのである。

ベンヤミンは「歴史の概念について」という断片で、歴史の全体性を否定する新たな見方を導入していた。わたしたちは歴史というものがのっぺらぼうな一本の線のように、無限の過去から無限の未来へと伸びているように思いがちである。ベンヤミンはこのような歴史観を否定して、「歴史とは構成の対象である。その構成がなされる場は、均質で空虚な時間ではなく、今の時に充ちている時間である[115]」と明言している。

歴史をこのような「均質で空虚な時間」の一方向への流れとして思い描くことをベンヤミン

は「歴史の連続体」の思想と呼ぶ。これは、歴史というものを過去から現在を経由して未来へと流れる一つの大きな均質で空虚な時間の流れのようなものとみなし、その無限の未来への進み行きを進歩とみなすということである。[116] この視点こそが、レヴィナスが批判した全体性のまなざしである。このまなざしは、わたしたちの生きる歴史を外部から一つの全体性として眺める視点を想定しているのである。

ベンヤミンはこのような全体性の概念につらなる「歴史の連続体」の見方を批判するために「メシア的なもの」という概念を提起する。ユダヤ教ではメシアは世界の終末の後に、世界の審判を行う人物であり、歴史のすべてをすでに知っている人物であり、しかも歴史を切断することのできる人物である。ベンヤミンはこの「歴史の概念について」のある断章においてメシアについて「メシアは歴史を断ち切る。メシアが登場するのは、発展の終わりにおいてではないのだ[117]」と語っている。

メシア的な終末論とは、「歴史の連続体」の終末において、過去の総決算をするためではなく、歴史を切断して既存の歴史についての新たな認識の可能性を作りだすことのできる可能性についての思想である。ここで語られる「メシア」という概念は、いかなる瞬間においても歴史を切断するように登場し、既存の歴史解釈を一挙に否定し、新たな歴史認識の可能性を示唆するものである。このメシアという存在は、わたしたちが既存の歴史解釈を破砕して「歴史の均質な過程を爆砕して特定の時代を取りだし、その時代のうちから特定の人物の生涯を、さらにはその特定の生涯になされた仕事のうちから、ある特定の仕事を取りだす[118]」可能性を提供してくれるもののことだ。

メシアという審判者を想定するユダヤ人にとっては、歴史は均質で空虚な時間の流れのようなものではなくなる。「ユダヤ人にとり未来は均質で空虚な時間になったわけではない。というのも、未来のどの瞬間も、そこを通ってメシアがやってくるかもしれない小さな門だったからだ」[119]。メシアの思想は歴史についての既存の理解を破砕するものであり、わたしたちに歴史をまったく新しい視点で見る可能性を、「歴史を逆なでする」[120]可能性を与えてくれるものである。歴史は戦さの勝者によって形成される。「今日にいたるまで勝利をさらった者はだれであれ、いま地に倒れている人びとを踏みにじりながら今日の支配者がとりおこなっている祝勝パレードの列に加わってともに行進している」[121]のである。

メシアの思想はこのように、積み重なってきた戦さの勝者たちによって書かれてきた既存の歴史についての理解を引き裂き、わたしたちの歴史を全体性という観点から解釈する通例の営みを破壊し、歴史のうちで見捨てられた人々の視点から解釈し直す可能性を作りだすために役立つ。人類の歴史は、戦争の継続の歴史であり、しかも戦争に勝利して「平和」を作りだした勝者から見た歴史である。戦争の勝者は自分に都合のよい形で歴史を解釈する視点を奪い取るのである。たとえばアメリカ独立戦争の勝者がアメリカ独立宣言に署名し、アメリカ憲法を創設するという根源的な暴力を行使することで、それまでの植民地の法と歴史を塗り替えてしまったようにである。

アドルノの歴史批判

ベンヤミンの思想的な盟友であったドイツの哲学者**テオドール・アドルノ**（一九〇三〜一九六九）は、ベンヤミンのこの思想を受け継ぎながら、勝者が作り上げた歴史の概念は一つのイデオロギーであり、形而上学であるにすぎないと断言する。

この歴史性についてのイデオロギーは、「歴史性の概念を歴史の担い手とする想定によって、概念に反するものは何であれ排除する」[122]のである。歴史はあくまでも戦争の勝者の作り上げた歴史でなければならないとする。この歴史イデオロギーのもとでは、個人的なものはまったく意味をもたない偶然的なものとして無視される。しかし「個人の歴史的運命が偶然的であり無意味なのは、歴史的過程そのものが、あくまでも、意味を簒奪してきた過程だったからである」[123]と言わざるをえないだろう。

アドルノはこのプロセスは「形而上学の歴史への転換」[124]にほかならないと考え、そのようなイデオロギーによって完全に無視される個人的なもの、些末なかけらのような断片のうちに宿る〈永遠〉をみいだそうとする。「哲学は、つねに新しい予兆であるあの絵文字を、ごく些細なもの、衰滅によって粉々に打ち砕かれながらなお客観的な意味を担っているような断片のうちに読み解かなければならない」[125]のである。「永遠は永遠としては現れず、最も移ろいやすいものを通して切れ切れに現れる」[126]と考えるべきだからである。アドルノはベンヤミンのユダヤ的なメシアの思想を好んではいないが、その思想の背後にある思いだけはしっかりと受け継いだのである。

テオドール・アドルノ

Theodor Ludwig Wiesengrund-Adorno
1903-1969

ドイツのユダヤ人ワイン商の父とドイツ人歌手の母の間に生まれる。大学卒業後、音楽雑誌の編集長を務めた後、ホルクハイマーが主宰する社会研究所の一員となる。ナチスの政権獲得後はアメリカに亡命。ファシズム研究による権威主義的パーソナリティの解明で知られる。音楽関連の著作も多い。

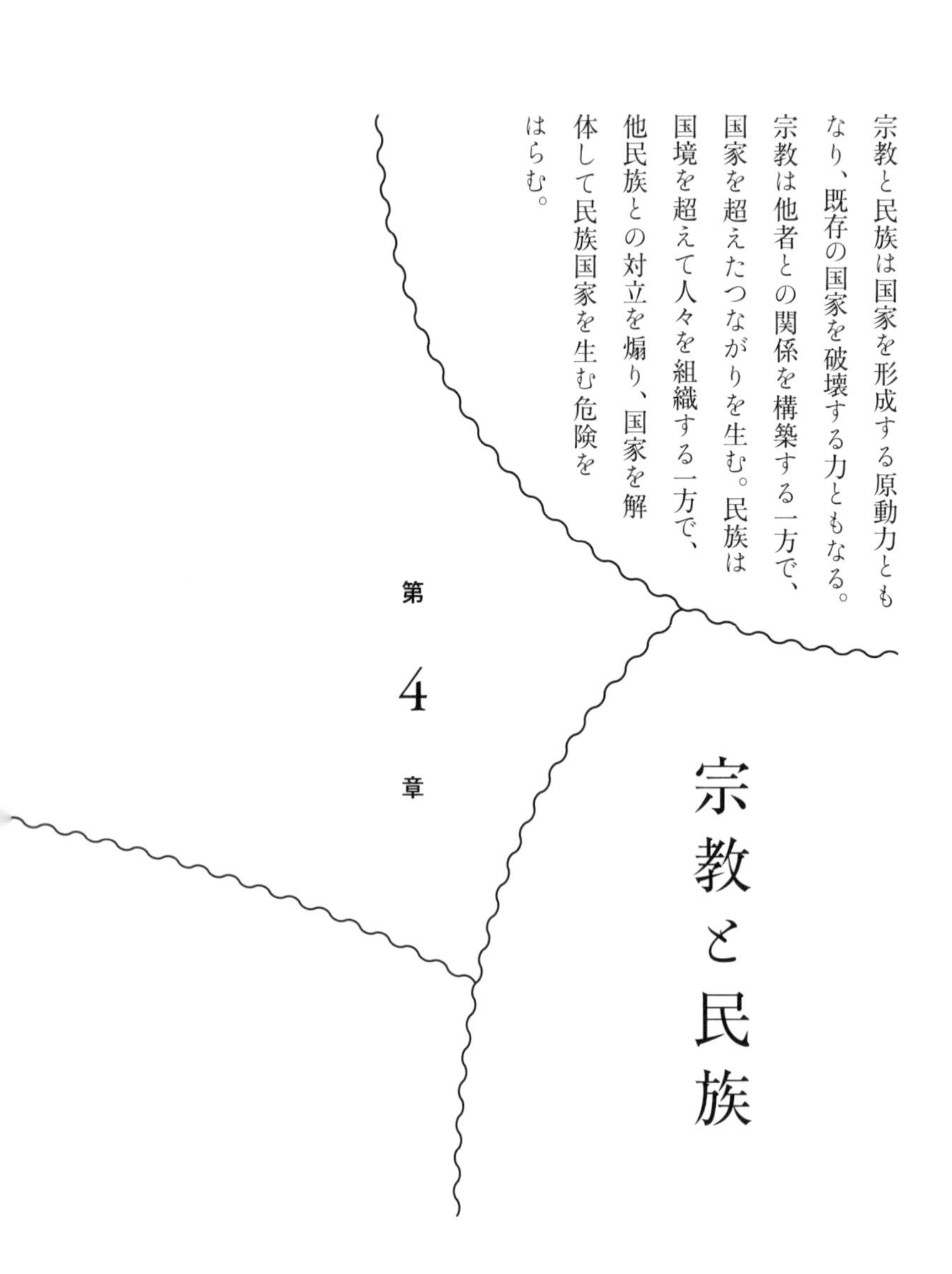

第4章 宗教と民族

宗教と民族は国家を形成する原動力ともなり、既存の国家を破壊する力ともなる。宗教は他者との関係を構築する一方で、国家を超えたつながりを生む。民族は国境を超えて人々を組織する一方で、他民族との対立を煽り、国家を解体して民族国家を生む危険をはらむ。

マルティン・ブーバー

Martin Buber
1878-1965

オーストリアの正統派ユダヤ教徒の家庭に生まれる。シオニズム運動に参加しユダヤ系ドイツ人の機関誌「ユダヤ人」を創刊。フランクフルト大学教授になるもナチス政権に追放処分を受け、エルサレムに移住。「我」と「汝」の関係から世界が拓けると説き、「対話の思想家」と称された。

ルドルフ・オットー Rudolf Otto 1869-1937

ドイツの神学者、宗教学者。宗教には合理的要素と非合理的要素である「聖なるもの」の経験が存在するとし、宗教の本質をヌミノーゼと名付け、現象学的・宗教哲学的に考察した『聖なるもの』を著し、哲学にも影響を与えた。

エミール・デュルケム Émile Durkheim 1858-1917

フランスの社会学者。統計データの利用、社会的事実の固有性を指摘するなど、社会学の客観的・実証的方法の確立に努めた。「社会学年報」を創刊し、甥のモースをはじめ、後進を多く育てた。

ミルチャ・エリアーデ Mircea Eliade 1907-1986

ルーマニアの宗教学者、作家。インドに留学し哲学とヨーガを学ぶ。インド滞在中の恋を綴った自伝的小説で人気作家に。歴史、文化の差異を超えた人類の共通基盤を神話、象徴、儀礼などの研究から立証する宗教学を展開した。

ジョルジュ・バタイユ
Georges Albert Maurice Victor Bataille 1897-1962

フランスの思想家、作家。古文書学校卒業後、国立図書館司書となる。理性中心の西洋哲学の絶対知を批判し、文芸批評や絵画論、小説など無神論の神秘主義的な作品を著し、エロスとタナトス（死）の思想家と呼ばれる。► 6章

チャールズ・ダーウィン Charles Robert Darwin 1809-1882

イギリスの自然科学者。ビーグル号の航海に参加し、南米や南太平洋の動植物、地質を調査。進化のメカニズムを自然淘汰と生存競争に求める『種の起源』を著す。教会からの反発を受けるも同時代人に高く評価された。

ルネ・ジラール René Girard 1923-2015

フランスの文芸評論家。スタンダールやプルーストの小説から、人間は自発的に欲望することはなく、欲望を誘発する媒体を必要するという、欲望の模倣（ミメーシス）的構造を主張。ギリシア悲劇から供儀の構造を考察した。

ピエール・クラストル Pierre Clastres 1934-1977

フランスの人類学者、民族学者。南アメリカでフィールドワークを行う。西欧の自民族中心な文明史観に対し、未開社会は服従と支配の関係を意識的に拒否し、あえて国家の出現を避けて構築されていると喝破した。

ブロニスワフ・マリノフスキー
Bronislaw Kasper Malinowski 1884-1942

ポーランド生まれの人類学者。二次資料によるのではなく、研究者自らが現地に行き、対象社会の人々と生活を共にし慣習や現象を調査する、参与観察の手法を確立。文化人類学の研究に大きな功績を残した。

エマニュエル＝ジョゼフ・シィエス
Emmanuel-Joseph Sieyès 1748-1836
フランスの政治家。司祭であったが、第三身分（平民）こそが国民の代表であると主張する『第三身分とは何か』を著し、革命運動に影響を与えた。ナポレオンの軍事クーデターに参画するが王政復古後に国外追放となった。

エルネスト・ルナン Joseph Ernest Renan 1823-1892
フランスの宗教史家。聖職を志すもカトリックへの懐疑から断念。奇跡を迷信とし、近代的合理主義の観点から『イエス伝』を執筆。その後は、セム族とアーリア族を対比しアーリア族の優越を説く反ユダヤ主義的言説を展開した。

ウッドロー・ウィルソン Thomas Woodrow Wilson 1856-1924
第28代アメリカ合衆国大統領。在職1913-1921年。プリンストン大学総長を務めた後、政治家に転身。第一次大戦参戦時に14箇条の平和原則を発表、自由主義的な新しい国際秩序の建設を訴え、国際連盟発足の道筋を作った。

第1節 宗教と国家の誕生

宗教と民族のもつ潜在的な力

前の章では社会と国家を作りだすとともに、それを破壊する猛威を振るう暴力と戦争について、そして国家の枠組みを維持しながらこうした戦争の力を制御しようとする平和の思想について考察してきた。しかしこのような社会や国家を超えてさらに強い力を発揮するものとして宗教と民族という理念が存在する。この節ではまず、宗教が国家とのあいだでどのような関係を結んでいるかについて考えてみたい。現代では地球という球体の表面は、百数十もの「国家」に分割されている。さまざまな人々が作りだす社会は、現代においてはどれもが「国家」という形態をそなえているようになった。世界のうちで自分たちとは異なる社会で生きる人々との交流は、ほぼ全面的に「国家」という枠組みを媒介としたものとなっている。わたしたちが自分の住むところを離れて、他の社会に生きる人々のもとを訪れようとすれば、自分の属する国が発行するパスポートという国家への所属証明を手にして、異なる「国家」を訪問するという形式をとらなければならない。国家という枠組みはそれほどまで強固なものとなっている。わたしたちは自分の国を離れると、日本という「国民国家」の一員として行動しなければならないのだ。

それではわたしたちは誰もが国家によって規定されているのだろうか。歴史を振り返ってみても、このような「国民国家」という枠組みが誕生したのは、わずか数世紀前のことであることに気づかされる。古代から中世にかけては、ヨーロッパでは国家を超えた「帝国」という枠組みが支配的であった。あるいは江戸時代の日本のように、藩という組織が現代における国家と同じような地位と役割を占めていて、隣の藩に住む人は、現代において隣の国に住む人と同じように、異邦人とみなされていた。国民国家という枠組みが登場したのは、ヨーロッパでは一七世紀以降のことであり、日本では一九世紀の明治維新の後からのことである。

しかし現代でもわたしたちは「国家」という枠組みだけに規定されているわけではない。国家を超えた組織や原理が存在しているのである。国家を超えるものとしては、国際連合のような国際的な組織や国際的なＮＰＯ（民間非営利団体）のような政治的あるいは非政治的な組織だけではなく、イスラーム教のような宗教的な原理や、民族という人類学的な原理がある。この章ではこのように国家のうちに生きていながら、国民であるわたしたちを規定する別の原理である宗教と民族について考えてみよう。これらの原理は国家を造りだす力だけでなく、国家を破壊する力も発揮することができるのである。

六世紀に誕生したイスラーム教という宗教的な枠組みは、それまで原初的な宗教しか存在していなかったアラビア半島をあっという間に支配すると、その当時にキリスト教が優勢だった地域にまで支配圏を拡大したのだった。この宗教は、中近東、アラビア半島、そしてアフリカの大陸にかけて、さまざまな国家を成立させる力を発揮することができた。さらにこのイスラーム教という宗教はインド大陸においては、それまでイギリス領インド帝国のうちでヒンドゥー教と共存していたにもかかわらず、一九四七年にインドから分離して、イスラーム教の国家であるパキスタンとして独立したのだった。

さらに民族という人類学的な枠組みは、国境という人為的な区分の線を超えて人々を組織することができた。一九一八年にオーストリア帝国の崩壊にともなって、それまでセルビア王国として存在していた国家を基礎として、セルビア人、クロアチア人、スロヴェニア人という三つの民族の共存するユーゴスラヴィアが成立した。しかし複雑な民族紛争の後にこの国は分裂して、二一世紀初頭にスロヴェニア、クロアチア、ボスニア・ヘルツェゴビナ、セルビア、モンテネグロ、北マケドニアという六つの国家が独立したのだった。民族の原理は多民族で構成される国家を分裂させ、同じ民族だけで独立した国家を樹立したいという強い願望を生みだすようである。あるいは現在はトルコ、イラク、イラン、シリアにまたがる地域に住むクルド人という民族は、これらの国家への所属を離れて独立した国家となろうとして、激しい戦闘を続けている。民族の原理は国家を分裂させるだけではなく、国家を樹立するための原理ともなりうるのである。このように宗教と民族という理念は、ときには国家を統合して新たな帝国や国家を生みだし、ときには国家を分裂させて新たな小国家を成立させる強い潜在的な力をそなえている。この節ではまず、こうした国家という原理を超越し、崩壊させる力をもつ宗教について考察してみることにしよう。

宗教とは何か

そもそも宗教とは何かという問題は困難な問いであり、なかなか明快には解かれていない。それというのも、宗教は人間の歴史とともにあるとも言えるのであり、この問いは人間とは何かという問いと密接に結びついているからである。この問いに答えるためにはまず、宗教がどのようにして発生したかを問うべきだろう。最古の宗教的な心性の痕跡は、ネアンデルタール人が死者を弔った儀式に見られると考えられている。死者を埋葬した墓のような場所に、花粉が残っていたのである。これは墓に献花したものと考えることができる。死者とはもはや目の前に存在しなくなったもののことであり、見えない存在がそれでも人々の心のうちで、あたかもまだ生きている者のように追慕されていたというところに、宗教の原初的な思考をみいだすことができる。

このように考えると宗教とは、目の前に存在しないものに対する畏敬の念によって生まれたものと考えることができる。これは人間たちがともに暮らしていて、日常の生活において目にすることができていた人が何からの原因で存在しなくなった後も、あたかもその人がまだ存在しつづけているかのように考えるということであり、反対に、これまで存在しなかったものが、急に存在するようになるという事件、すなわち子供の誕生についても同じような宗教的な心性が働くと考えることができるだろう。

ところでこのようにそれまで存在していたものが存在しなくなる、あるいは存在していなかったものが存在するようになるという出来事は、ほとんどつねに血や汚物にまみれた出来事である。死者は腐敗し、その死体は埋葬しなければ、ともに生きていくことはできないだろう。母親の胎内から生まれてきた赤子は、母親の体液にまみれているし、胎盤も処理しなければならないだろう。死者も赤子も非日常の存在であり、日常の世界から見ると、「穢れて」いるのであり、何らかの儀式で清浄なものにしなければならない。そこで宗教につきものの儀礼という儀式が必要となる。この儀礼を行うことによって、穢れたものが清浄なものとなるのであり、穢れは聖なるものに変わるのである。

聖なるものというものは、日常の世界のうちには存在しないものであり、あるものが穢れたものとなった後に、初めて到達することができる境地のようなものだと考えることができる。すると宗教とは、このような聖なるものにかかわるものと考えられるだろう。この「聖なるもの」とは、ドイツの宗教学者**ルドルフ・オットー**（一八六九～一九三七）によると、わたしたちの日常の世界の背後にあって、わたしたちを脅かすようなもののことである。オットーはこうした聖なるものの独特な性格を「ヌミノーゼ」という言葉で表現した。これは神の力、神的なものを意味するヌーメンというラテン語から造語した言葉である。

人々は何か戦慄すべきもの、恐るべき威厳のあるもの、生ける神のような活力のあるものを前にすると、「聖なるもの」を感じる。このような「聖なるもの」は、聖なるものに付随しがちな倫理的な善なるものという意味あいとはまったく別のものであり、「合理的なものとは無縁であり、かつ〈語りえぬもの〉もの」[01]であって、「概念的把握をまったく寄せつけない」[02]ものとされている。

そしてこの聖なるものに対立するのが「俗なるもの」である。宗教をこの聖と俗の対立という観点から明確に定義したのが、フランスの社会学者**エミール・デュルケーム**（一八五八～一九一七）だった。デュルケームは宗教を聖と俗の区別という観点から規定する。「世界を一つはあらゆる聖なるもの、他はあらゆる俗なるものを含む二つの領域に区別すること、これが宗教思想の著しい特徴である」[03]。このような俗なるものとは明確に異なる聖なるものの存在が信じられるとともに、こうした特別な性質をもち、人々を脅かすものに対処するための儀式のようなものが成立する。これが儀礼であり、「儀礼とは、人が聖物に対してどのように振る舞うべきかを規定した行為の規準である」[04]。

ただしデュルケームは、宗教というものが成立するためには、このようなわたしたちを脅かすような聖なるものが存在するという信念だけではなく、こうした聖なるものを扱うための特別な集団が存在する必要があると考えた。というのも、このような聖なるものが存在するという信念が生まれて、この聖なるもののための儀礼が行われるのは、宗教に限られたものではないからである。原始的な呪術もまた、同じような信念と儀礼をもっている。そこで宗教を呪術と区別するのは、特別な「教会」のような団体が存在するかどうかにあるとデュルケームは考える。「教会と呼ばれるのは、その社会の構成員が聖世界とその俗世界との関係を同じ様式で表象し、またこの共通の表象を同一の行事に表現することによって結合されている一つの社会のことである。ところが歴史には教会のない宗教は存在しない[05]」とされたのである。このようにしてデュルケームは宗教をこれらの二つの要素で定義する。「宗教とは、神聖すなわち分離され禁止された事物と関連する信念と行事との連帯的な体系、教会と呼ばれる同じ道徳的共同社会に、これに帰依するすべてのものを結合させる信念と行事である[06]」ということになる。

宗教の発生——アニミズム

ところでこのデュルケームの宗教の定義は、社会学的なものである。宗教がすでに社会のうちに存在していることを前提として、社会のうちで宗教はどのようなものとして考えられているかという問いを立てて、その問いに対して、聖なるものが存在するという信念であると答えているわけである。この問いかけでは、その聖なるものがなぜ、どのようにして「聖なる」ものとして感受されるようになったのかについては何も語ろうとしていない。

あるものがどのようにして人々に「聖なるもの」として感じられるようになったかについて

考えるためには、すでに指摘したように、宗教の発生が葬儀の誕生と同時代的なものとして考えられていることに注目する必要があるだろう。死者を弔うという行為、わざわざ地面を掘って遺骸を埋め、そこに生前に使っていたものを副葬するという行為は、身体が失われた後にも人の魂は生きつづけるという信念を表しているようである。

この魂は目に見えないもの、超自然的なものであり、このような存在を俗なるものと異なる「聖なるもの」と感じる気持ちの発生が、宗教の発生と密接に結びついていると考えることは自然なことだろう。宗教の発生の根のところには、死に対する恐れがあり、人はこの死を乗り越えて魂として生きつづけるのだという慰めがあるように思える。このような死への恐れというものは、人が他の人間の死を目撃し、経験することによってだけではなく、動物たちを殺して食べるという行為に遡るように思われる。ネアンデルタール人の洞窟で描かれた多数の洞窟絵画は、主として動物の狩りと動物の死を描くものであり、人間はおまけのように描かれるだけであった。

原始時代に人間は動物を殺して食べるという行為によって厳しい時代を生き延びることができた。宗教学者**ミルチア・エリアーデ**（一九〇七～一九八六）は、人間にとってこの殺戮という行為は重要な意味をもったと考えている。「人間は〈時の始めに〉なされた決定、すなわち、生きるために殺すという決定の最終的な所産である」[07]と語るのである。ただし人間は生きた動物を食べることはない。動物は殺して死体にしてからでないと、食べることができない。殺した動物は、それまでの生きていた生命を失った「もの」となっている。人間は生命のあるものを事物としての「もの」にしなければ食べることができないのである。

ところで人間は死ぬと生命を失う。死んだ人間の死体は食べる動物の死体と同じように「もの」となっている。これはその死者の家族であった人にとっては耐え難いことである。親しき者が死によって、食べるべき動物の肉と同じ資格のものとなってしまったからである。フランスの思想家**ジョルジュ・バタイユ**（一八九七〜一九六二）はこの瞬間において、人間のうちで「魂」の存在を信じることが必要となったと考えている。親しい人間は死んで「もの」になったとしても、魂はこの「もの」を離れて別の世界に赴くのであり、その世界で魂は生きつづけると考えなければ、人間は親しい者の死を受け入れることができないのである。「もし死が身体を事物の状態へと還元するとすれば、その瞬間にこそ霊はこれまでにないほどはっきりと現前するようになる」[08]だろうとバタイユは語っている。

このようにして人々の期待に反して事物になった身体は、それまで生きていたときよりも「ずっとありありと霊＝精神を啓示する」[09]のである。人間は動物を食べる存在となったために、死が人間を事物に、食べることのできる肉に変えてしまうことを実感せざるをえなくなったのであり、それだけに人間のうちに「魂」の存在を要請せざるをえなくなるのである。そして人間の死せる身体を離れた魂は、「聖なるもの」という資格をもつようになる。このようにして魂が死せる身体から分離されたことで、死せる身体そのものは食べることのできる動物の肉と同じように、「俗なるもの」とみなされるようになり、埋葬することができるようになったというのである。

しかしこのようにして人間に魂の存在を要請すると、殺して食べる動物のうちにも、生きているあいだは魂が存在すると考えなければならなくなる。やがて動物は人間と同じように魂をもった存在となり、動物を食べるときには、その魂を魂の国に帰してやるための儀式を必要とするようになる。アイヌは熊を殺害して食べるのをつねとしているため、決まった時期に熊の魂を熊の「魂の国」に送り帰す儀式を行うようになった。これは宗教的には、自然のうちのすべてのものに人間の魂と同じような魂、アニマが宿っていると信じるアニミズムの段階とみることができる。「人間のうちに一つの霊魂あるいは多数の霊魂を認めると、即座にこれから類推して動物、植物、無生物にも霊魂を賦与するのは当然である」[10]と言えるだろうからだ。

有用性としての俗なるもの

ここで「俗なるもの」と「聖なるもの」の対比について、有用性という別の観点から考えてみよう。「俗なるもの」は、たとえば殺して食べられるようになった動物の肉であり、これは人間にとって有用なものである。人間は生きていくために、無数の俗なるものを作りだす。熊を殺害するための狩りの道具は、人間が食べるという目的に従属した俗なるものである。人間が作りだす道具はすべて、ある別の目的のために存在するようになった有用な事物であり、これらはすべて俗なるものである。これに対して聖なるものは、このような有用性という性質を帯びないもののことである。

バタイユはこのように、有用性という性格を帯びたものは、道具のように別の目的に服従したものであり、別の何ものかによって代替されることができるものだと考える。これとは対照的に動物はそもそも、いかなる目的のためにも生きていない。「すべての動物は、世界のうちにちょうど水の中に水があるように存在している[11]」のである。そこにあるのは世界との連続性である。ところが道具はこのような連続性から切り離された事物である。道具は目的のための手段として存在するものであり、世界との連続性を失ったもの、俗なるものである。このような思考の道筋によって、生きている動物のように、世界との間で連続性を保っているものは聖なるものとみなされる。動物にそなわるこうした連続性は人間にとっては「俗なる道具の貧しさ、非連続的な物=客体の貧しさと対照的に、聖なる世界のあらゆる魅惑[12]」をそなえたものと思われるようになる。

人間たちははるか遠い昔から、狩りをして動物たちを殺害して肉を手に入れ、野の草や果実を採集して食事を調えてきたが、やがては動物たちを飼い慣らして家畜とし、野草を改良して穀物として栽培し、果樹を改良して果樹園を作るようになる。それが文明の発達の歴史である。しかしこれはそれまで世界の連続性のうちで生きていた動物や植物を、人間が自分の目的のために手段とするということだった。聖なる連続性のうち生きていた動物や植物は今では人間の食料にするという目的に奉仕する俗なるものに変えられてしまったのである。

そしてこのことは人間にも逆に作用する。人間は畑を耕すときに、空腹を満たすという眼前の欲望を充足することを諦めて、将来の収穫のためにいまそこにある欲望を放棄した。この労働は将来の収穫という目的のための手段となる。それが文明をもたらしたのである。しかしこれは別の意味では人間が何らかの目的のために奉仕する手段となったということである。労働する人間はもはや聖なるものではなく、俗なるものになったのである。世界との連続性のうちに存在していないものは俗なるものだからである。このようにして「農耕者は、あるいは牧畜者は、彼らが労働しているときにはやはりまた事物である」[13]ことになった。というのも、農夫はパンを作るために働いているのであり、その労働という局面において「農耕者は一人の人間ではない。それはパンを食べる人の犂(すき)である」[14]とみなすことができるからだ。しかしパンを食べる人もまた聖なる存在ではなく、俗なる存在である。パンを食べるという行為が、その人が労働できるようになるための手段であり、その人の労働もまた別の目的のための手段であるからである。「極限的にはパンを食べる人自身の行為がすでに田畑の労働であって、食べる行為はその労働にエネルギーを供給しているのである」[15]と言えることになる。

このようにして人間は俗なる世界のうちに生きている存在であり、それだけに聖なる存在への渇望はいやしがたいものとなる。アイヌの人々が、自分たちが殺して食べる熊たちが聖なる存在に戻れるように、熊の霊を魂の国に送り帰す儀式をするのは、そのような聖なるものへの渇望によって生まれると考えることができる。アイヌの民は、捕獲した熊の子供を大事にいつくしんで育て、成長すると民の全員でこれを殺害し、その肉を食らうのである。これが供犠の儀礼である。

西洋のキリスト教やユダヤ教の教えによると、こうした供犠の儀礼においては、たとえば家畜として飼いならした羊を生贄として殺害して、その肉を聖なるものとして神に捧げ、聖職者がその肉を食べる。これはバタイユによると、俗なるものを聖なるものに変える儀式である。「供犠はある一つの物＝客体を従属関係へと縛りつける現実的な絆を破壊する。つまり生贄を有用性の世界から引きはがして、知的な理解を絶するような気まぐれの世界へと戻すのである」[16]ということになる。

宗教の発生——供犠とトーテミズム

この動物の供犠の儀礼を重要な要素として取り入れたのがトーテミズムだった。トーテミズムでは特定の周期をおいて、その部族の象徴とされたトーテムとして認められた動物を供犠の儀礼において殺害し、その肉を全員で食べたのである。「火の使用や農耕を知るより前の、もっとも古い生贄の形式は、動物の生贄であった。しかもその肉や血を神とその崇拝者がいっしょに味わったのである。参加者がすべて饗宴の分け前にあずかるというのが、本質的な点であった」[17]。

バタイユはこの供犠の理論を軸として、宗教の問題に鋭い考察を行った。供犠は人間が家畜化した動物を儀礼的に殺すという方法で、俗なるものとなった動物をふたたび自然との連続性のうちに戻し、聖なるものとする儀式である。バタイユによると宗教というものは、人間がこのような俗的な性格を投げ捨てて、聖なるものとかかわろうとする営みのことである。

わたしたちは多くの場合、何らかの目的を定めて、そのために日々を過ごすことが多い。食べるために働き、働くために食べるのである。そしてわたしたちは「生きる」ということがどのようなものであるかを忘却し、真の意味で「生きる」ことなく、日々の生をすり減らすように過ごしている。バタイユはわたしたちに供犠をせよと示唆しているわけではない。俗なる生活のうちで、この俗的なものを一瞬でも捨て去る可能性を模索せよと提案しているのである。それはたとえば、いずれ考察するように、人々と笑いあうことのうちに、見えざる共同性を取り戻すことでもあるだろう。

フロイトのトーテミズム論

このようなトーテミズムの信仰が社会と共同体の発生のために重要な役割を果たしたと考えているのがフロイトである。フロイトは精神分析の病歴から、子供が父親を動物のイメージで思い描く場合があることを発見していた。ある恐怖症の少年にとっては、父親は嚙みついてくる馬としてイメージされていたのである。そこでこれを原初的な宗教としてのトーテミズムに適用すると、「トーテム動物が実は父親の代替」[18]であることが分かるとフロイトは主張する。フロイトはイギリスの自然科学者**チャールズ・ダーウィン**（一八〇九～一八八二）の主張したように、人間は原始時代には大きな家族として生活していたとみなしている。

この原始的な群れを率いているのは強く、恐れられている父親であり（フロイトはこれを原

ジークムント・フロイト
Sigmund Freud
1856-1939

オーストリア帝国領フライベルクでユダヤ人商人の家庭に生まれる。ウィーン大学卒業後パリに留学、ヒステリーの催眠治療に接し、神経症治療に興味を抱く。無意識の存在を確信し、治療技術としての精神分析を確立。リビドー、コンプレックス、幼児性欲などを提唱した。

父と呼ぶ)、この父親は息子たちを抑圧し、群れから追放して女性をすべて独占している。家族の群れから追放された息子たちはやがて力を合わせてこの原父を殺害する。これが群れの女性を手に入れる唯一の方法だったからである。そして父親を殺害した後に、全員で父親の肉を食べる儀式を行う。「彼らは食ってしまうという行為によって、父との一体化をなしとげたのである。父の強さの一部をそれぞれがものにしたわけである」[19]。

ところがこのようにして父親を殺害した後で、息子たちはそれまで願っていたように、群れの中の女性を自分のものとすることを控えた。その理由は二つある。第一に息子たちが父親と同じように女性を独占したならば、結局は複数の原父が誕生することになり、群れの中で戦いが起きて、群れは分裂することになるだろう。「勝ち誇った息子たちが激しい争いを演じ、そのためにその群れが崩壊するにいたる」[20]ことを恐れたために、女性を自分のものにすることを控えたのである。そうなると、もともとの息子たちの狙いは挫折することになる。そこで息子たちはたがいに協定を結んで、それからは群れの内部の女性には手を出さず、外部の集団の女性を妻にすることにしたというのである。これは近親相姦の禁止と外婚制という文化人類学の知見に一致する結果を生みだすことになる。

第二に息子たちは父親の肉をともに食べるという儀礼を行ううちに、かつての父親への愛を取り戻したとフロイトは考える。「彼らはまたその父親を愛し、賛美もしていたのである。彼らは父親を片づけて憎悪を満足させ、父親と一体化しようという願望を実現してしまうと、いままで抑えていた愛情が頭をもたげてきたにちがいない」[21]というわけである。父親のようになりたいと願っていた息子たちは、父親の肉を食べ、父親と同じ立場に立てることになったのだが、いざ父親と同一化することに成功した息子たちは、これからは「父の存在が妨げていたことを今や彼らが自分で禁止する」[22]ことにして、群れの内部の女性と結ばれようとする願望を放棄したのである。

このようにして息子たちは群れを率いる指導者となったが、原父のように女性たちを独占するのではなく、外部の群れと女性を交換して子供を儲けることになる。そしてこの父親の肉を食べた儀式を一回かぎりのものでなく、定期的に群れのすべての指導者たちとともに行う儀礼として確立することにしたのである。これがトーテミズムという宗教の誕生の経緯だとされている。「トーテム制度はいわば父との契約関係であって、子供が空想によって父に期待するもの、保護や配慮やいたわりなど、すべてを父は約束するのであり、そのかわりに、子供は父の生命を尊敬すること、つまり、現実の父をほろぼしたあの行為を反復しないことを義務づけられた」[23]とフロイトは主張する。

フロイトのこの構想では、社会制度の誕生とトーテミズムという宗教の誕生は同時的なものである。家族の群れから共同体という社会制度を生みだすために、トーテミズムという宗教的な慣行が必要とされたのであり、このような社会制度が生まれることで、トーテミズムは一つの宗教として確立されたのである。そしてフロイトはキリスト教を含めて、多くの宗教がこのトーテミズムから発展してきたと考えている。その一例が動物の頭部をもつエジプトの神々である。またギリシアの半人半神の英雄もその発展を媒介するものとみなされる。最終的にはユダヤ教やキリスト教の唯一神教が登場する。こうした宗教では神は父親の姿で表象されることが多くなる。「こうなると最初の原始の群れの原父の名誉が復活されたことになり、原父に対して感じることがふさわしいような激しい感情もふたたび発生することになる」[24]というわけである。

この原始的な群れにおける息子たちによる父親殺しという構想は、社会の起源の構想としてはあまりありえないことのように思われるが、文芸評論家の**ルネ・ジラール**（一九二三〜二〇一五）は、宗教と社会の起源、つまり「神性と共同体自身が自らの起源を引き出すのは、内部の満場一致の暴力からであり、その共同体に所属する一個の犠牲者からである」[25]ことを明確に示したものとして、この理論は先駆的なものであることを認めている。

社会や国家の成立の根源に、ある種の暴力が行使されていることは、歴史におけるさまざまな逸話が痕跡を残している。社会や国家が人々のあいだでの理性的な契約によって設立されたとは思えない場合が多いのである。ただしジラールはフロイトと違うところに、宗教と社会や国家の起源をみいだそうとするのである。

ジラールの供犠の理論

フロイトは原始群としての家族から、近親相姦の禁止と外婚制を伴う共同体の形成において、原父の殺害という原初の暴力が必要とされ、成立した共同体の維持のために、トーテム信仰と共饗の儀礼という宗教が不可欠なものであることを示そうとした。これに対してジラールは、共同体の成立のメカニズムを説くのではなく、共同体はすでに成立していると想定する。ある程度の規律をそなえた原始的な共同体は、ごく自然な成りゆきでも成立することができると考えるからだ。むしろこのように自然に成立した共同体の内部では暴力が発生することが避けられず、共同体を維持するためにスケープゴートの供犠という儀礼が必要不可欠であることを示そうとする。

原始的な共同体の内部では、暴力が蔓延することがある。ちょっとしたことで喧嘩になり、喧嘩の相手が死んでしまうこともあるだろう。そうすると死者の家族は、殺害者に恨みを抱き、復讐を求めることになる。原始的な共同体では血には血で報いよという血讐(けっしゅう)の掟が定められていることが多い。殺された者の父親や兄弟は、身内の者が殺されたときには、その加害者を殺したいと願うのは、ごく自然なことだからだ。さらに共同体の内部で、家族が殺害された際に復讐しなければ、名誉が失われるとみなされる慣行が存在することも珍しいことではない。そこで血の報いとして殺害者を殺すことになるだろう。しかし殺された殺害者にもまた家族がいるのであり、血の復讐の掟にしたがって、身内を殺した者を殺して名誉を守ろうとするだろう。

この私的な血讐の掟は、とめどのない殺人の連鎖を生みだす。これを調停するのは困難であり、殺害の際に復讐について定めた法も存在しない場合には、この殺人の連鎖は拡大しながら無限につづいて、やがては共同体を破壊することになるだろう。「復讐は、無限の終わりなき過程(プロセス)を構成する。復讐が共同体の何らかのある一点に浮かびあがるたびごとに、それは拡大して社会全体を覆おうとする。それは一連の反応を引き起こして、小規模な社会なら致命的な結果を急速にもたらすのである。復讐の増殖は社会の存続それ自体を危うくする」[26]のである。社会を維持するためにはこのような私的な復讐の掟を禁じて、被害者の家族の復讐の念を抑制する手段を確立しなければならない。それは何よりも法の確立によって実現されるだろう。

ギリシア悲劇では父親を殺害されたオレステスは、殺害者の共犯である母親を殺害する。オレステスは私的な血讐の掟にしたがって行動したのである。しかしオレステスがしたがった私的な復讐の掟は、今度は殺害された母親の側からの復讐を求め、オレステスの血を要求することになる。このようにして復讐の女神たちは流された母親の「血潮の負債(おいめ)」[27]を求めるのであり、オレステスこそが、「母親殺しの罪を浄める恰好な犠牲(いけにえ)」[28]なのである。この復讐の連鎖を断ち切るのは法と裁判であり、この悲劇の最後でこの問題はアテナイの市民たちの法廷で裁かれることが女神のアテナによって告げられる。共同体を脅かすこの復讐の掟に終止符を打つのは、「市民の中から最上の者を選び出して」[29]構成したアレスの丘の法廷に委ねられるのである。

しかしこのように法を整備した国家にいたらない多くの共同体においては、こうした解決方法は期待することができない。そのために採用されるのが供犠である。法が存在しない場合に「一切の暴力を全員一致で自発的に放棄する」[30]ためには、共同体の全員による供犠の儀礼が必要なのである。「供犠や、一般的に言って儀礼が本質的な一つの役割を演じるのは、法体系を欠き、したがって復讐に脅かされる社会においてである」[31]。

アテナイでも法体系が成立する以前には、共同体の内部の問題を解決する手段として、パルマコスという犠牲を準備していた。「必要な場合に、つまり疫病、飢饉、外敵の侵入、国内の紛争といった災厄が町をおそったり、おそう惧れのあるときには、いつもパルマコスの一人が集団の手に任された」[32]のである。町の内部の穢れを払うために、パルマコスは町はずれの断崖から突き落とされて、殺されたのである。

現代は地球は国民国家に分断されているが、以前は国家を形成しない社会が多かったのであり、現代の国家においても、アフリカや中南米の諸国のように、内部において国家から独立した社会を形成していることも多い。たとえばアフリカ南部の荒地に住むブッシュマンは、独立した社会のうちで暮らしている。そして国家を形成することも、法律によって支配されることも好まない社会は、フランスの人類学者**ピエール・クラストル**（一九三四～一九七七）が語った言葉を借りれば、「国家に抗する社会」であり、そのような社会では宗教が共同体の内部の問題を解決するために重要な役割を果たしてきたのであり、現在も果たしているのである。「宗教のない社会はない。なぜなら宗教がなければいかなる社会も存続することが不可能だからである」[33]とジラールは語る。

ここで宗教とは、広い意味で語られており、供犠やさまざまな儀礼を含む人々の宗教的な心性のことである。わたしたちは法律に反しないように社会生活を送っているが、法律が適用されない領域では、他者とのあいだで暴力的な関係が生じないように、広い意味での宗教的な心構えのうちで生きているとも言える。たとえばわたしたちは借りたものは返さなければならないと感じている。たしかに法律には、借りたものを返さなかったときの罰則が定められている。しかしわたしたちに返却を促すのは、法律の定めであるよりも、返却しない場合に生まれる良心の痛みのようなものではないだろうか。何かを贈与されたときには、わたしたちは返礼をしなければならないと感じている。法律には贈与に対して返礼することを命じる規定も、返礼しないときに罰する規定もないが、わたしたちは何かに急き立てられるように、相手に返礼するものである。贈与されたままでは、ある種の「借り」ができると感じるからである。

このような良心の痛みや「借り」を返そうとする気持ちは、道徳性や倫理性として解釈することもできるが、その背後にはもっと宗教的なものと呼べる心的な素地が存在していると考えることができる。社会生活を生きるということは、このような心性にしたがって生きるということである。それが他者とのあいだに暴力的な関係が生まれるきっかけを防いでくれるのである。社会で生きるということは、「何らかの形で暴力それ自体に常に従属するある誤認の中で、暴力から身を避けることなのである」[34]とも言えるのであり、そのためには宗教的な心性が人々をつなぐために大きな役割を果たしているのではないだろうか。

マリノフスキーとモースのクラの理論

宗教が社会のうちで生きる人々をつなぐ絆のような役割を果たしていることを、別の人類学的な調査から確認してみよう。ポーランド生まれの人類学者**ブロニスワフ・マリノフスキー**（一八八四〜一九四二）はニューギニアの東部の諸島のうちに、たがいに宝物を贈与しあうシステムが存在していることを発見した。この交換システムはクラと呼ばれるものであり、諸島のあいだを二種類の宝物が贈与の習慣によって流通するのである。これらの諸島を時計回りの方向に回るのが「ソウラヴァと呼ばれる赤色の貝の長い首飾り」であり、反時計回りの方向に循環するのが、「ムワリと呼ばれる白い貝の指輪[35]」である。このクラの行事と同時に、「念のいった呪術儀礼と公的な儀式[36]」が行われる。

この宝物を交換するクラという慣行は宗教的儀式であり慣例であるが、同時にこの儀式においては商業的な交換も行われる。それぞれの島には島内で入手できない日常品が不足しており、こうした儀式の際に、「これらを島から島へと運んで物々交換するのである[37]」。この交換は特定の相手とのあいだで行われるものであり、「二人のクラ仲間は、お互いにクラをする義務があり、そのおりに他の贈り物も交換する。彼らは友人としてふるまい、二人の村のあいだの距離や、相互の地位によって異なるが、たくさんの相互的義務を負っている[38]」という。

これらの宝物は所持しているだけでその人を幸せにしてくれる力のあるものだと信じられているが、それでいてこの宝物はやがては他人に譲り渡さなければならないことになっている。これをずっと持っている人は吝嗇であると咎められるのだ。さらにこうしたクラ仲間はたがいに、物々交換によって必需品を手に入れることのできる交易の相手であると同時に、馴染みのない土地に滞在する際に呪術によって害される危険から守ってくれる友人でもある。このクラという慣行によって人々は経済的な絆だけでなく、社会的な絆を獲得することができるのである。これは他者とのあいだで「終生の関係[39]」を作りだしてくれる貴重な慣行なのである。

この慣行によってこれらの諸島は他の諸島と社会的な関係を構築することができるのであり、

島民の生活においては、このクラはきわめて重要な役割を果たしているのである。フランスの人類学者**マルセル・モース**（一八七二～一九五〇）が指摘しているように、「交換される贈与の体系は、トロブリアンド諸島民の経済生活、部族生活、道徳生活のすべてに行きわたっているのである。マリノフスキー氏が見事に述べたように、贈与の体系は彼らの生活に〈浸透している〉。生活は永遠に〈与えることと取ること〉にほかならない[40]」のである。

このクラは宗教的な儀礼を伴うものであるが、贈り物に返礼しなければならないという義務感は、儀礼以前の宗教的な心性によって生まれるものである。モースはこうした心性をハウという言葉で表現している。あるものを無償で贈与されたとすると、その場合に贈られたのはその品物だけではなく、ハウと呼ばれるものも贈られたのである。ある島民は贈り物に返礼しなければならない理由を尋ねられて、こうしたタオンガ（贈り物）にはハウがついているからだと答えている。タオンガを持ち続けると、「私には何か悪いことが起こり、死ぬことになるでしょう。このようなものがハウ、個人の所有物のハウ、タオンガのハウ、森のハウなのです[41]」という。「タオンガや純粋に個人的な所持品すべては、霊的な力としてのハウを持っている。あなたは私に一つのタオンガを贈る。わたしはそれを第三者に贈る。その第三者は別のタオンガを私に返す。彼は私の贈り物のハウによって、そうせざるを得ないからである。そして私もそれをあなたに贈らなければならない。というのも、あなたのタオンガのハウが実際に生み出した多くのものを、あなたにお返しする必要があるからである[42]」。このようにハウの力への信仰が、贈り物の連鎖と循環を作りだしているのであり、これが他の島とのさまざまな次元での交流を生み出すのである。

マルセル・モース

Marcel Mauss
1872-1950

フランスのユダヤ人商人の家庭に生まれる。叔父デュルケムに師事し、「社会学年報」の宗教社会学部門に参加。伝統社会にみられる慣習や古代ローマ、古代ヒンドゥー、ゲルマンの法や宗教に存在した慣行を考察し、贈与が経済原則を超えた原理を内在していることを示した『贈与論』で知られる。

トロブリアンド諸島の社会では、贈与という営みは社会のうちでの秩序を作りだすための重要な手段となっているわけである。そして贈与は社会の内部での秩序の形成だけでなく、他の社会との戦争を回避し、平和な秩序を作りだすための必須の手段となっている。トロブリアンド諸島のうちでも最大の島であるキリウィナ島の島民は、交流のあったドブ島の住民について、こう語っている。「ドブ島の人々はわたしたちのように善良ではない。残酷で人肉も食べる。ドブ島に着くときにわたしたちはいつも警戒している。彼らに殺されるかもしれないからだ。しかし、ほら、わたしがショウガの根を吐き出すと、彼らは心変わりする。槍を置いてわたしたちを歓迎するのだ」[43]。もともとここはかつてはさまざまな島々が侵略と戦争を繰り返してきた地域であり、この贈与という営みは、こうした戦争を回避するための工夫でもあったのである。

第2節
神と他者

ブーバーの「我と汝」の理論

すでに考察してきたように宗教は国家を成立させる力を発揮するとともに既存の国家を分裂させる大きな力を発揮することができる。しかし宗教には第1章で考察した自己の形成と他者との関係の構築という根源的な面でも大切な働きをしている。ここで宗教が人間の他者との関係を構築するうえで果たす役割について振り返って考えてみよう。

そのために役立つのがオーストリア出身のユダヤ系の宗教哲学者**マルティン・ブーバー**（一八七八〜一九六五）の代表作である『我と汝』で示された他者との関係についての理論である。ブーバーは人間が他なるものと結びうる関係には、「我とそれ」の関係と「我と汝」の関係があると考えている。もちろん「汝」は二人称の人称代名詞であり、「それ」は三人称の主語となる中称の指示代名詞である。

「汝」と「それ」

わたしたちは生まれてからさまざまな経験を積むことで、自己とは異なる他なるものを認識するようになることは、第1章で考察してきた。ブーバーはこの他なるものの認識において、世界のさまざまな事柄を認識することで構築されるのが「我とそれ」の関係であることを指摘する。「それ」は時間と空間のうちに存在し、多数の隣接するものの一つとして客観的に存在している。「何か
が客観的に存在しているところには、別の何かがそのとなりに存在している」[44]のであり「あらゆるそれは他のさまざまなそれと隣接し、それは他のそれと隣接することによってのみ存在している」[45]のである。わたしたちはこのようにして世界において他なるものを「経験する」ことができる。ただし「私が経験するのはあるものにすぎない」[46]のである。わたしがある一本の欅(けやき)の樹木に向きあっているとしよう。わたしはその樹木の姿と形、枝のそよぎ、欅という種の分類、その樹木のうちで働いているさまざまな化学的作用について学び、知ることができるだろう。このようなすべての学びと知識が、世界におけるわたしたちの「経験」を構築する。

しかしわたしたちが自分の愛する人と向きあうとき、わたしたちは愛する人を「もの」と考

えることも、「それ」と考えることもできなくなる。わたしたちはその人のうちに自分の愛する人をみいだすとともに、そこにわたしたち自身もみいだすからである。「その相手はもののうちのひとつではなく、さまざまなものから成り立っているひとつの存在でもない[47]」のはたしかだろう。そしてその「汝」はまたわたしたちに対して、「それ」ではなく、「汝」の関係を結ぶだろう。わたしたちはものを経験することはできるが、汝を「経験する」ということはできない。「汝」とは関係を結ぶことしかできない。「汝」を経験するということは、相手を「それ」として扱うことである。わたしたちが汝との「関係から歩み出るときにはじめて、私は彼を経験するのである[48]」。

ここまではかなり分かりやすい。事物の世界と人間の世界の違い、事物の経験と人間の関係の違いを語っているようにみえるからだ。しかし簡単にそう決めつけるのは間違いだろう。ブーバーは人間は最初はすべてのものとの間に「汝」との親しい「関係」を結ぼうとするのであり、その関係のうちに「それ」の経験が入り込んでくることを、人間の成長の過程として描いているからだ。そもそも幼児は生まれたときから、自分を取り囲むさまざまなものを経験するのではなく、密接な関係を取り結びたいと考えているという。幼児はふっくらとした両手で、自分がつかめるものと親しい関係を結びたいと考える。「幼児は決して、最初にある対象を知覚し、それから自己をその対象と関係させたりするのではない。最初にあるのは関係への努力だ、向かい合う存在がそのなかへ引きいれられる、あのふっくらとした手だ[49]」。

しかし幼児はやがて、事物の世界は自分と親しい汝の関係を結んでくれるものではないことを知らされる。自分を養育してくれる母もまた、親しいものでありつづけるわけではないことを知らされるのだ。幼児は自分を囲む世界の秩序を認識しなければならない。フロイトが語ったように、人間は快楽原則を離れて現実原則を認識しなければならないのである。この認識なしでは、幼児は成長することができないだろう。「秩序づけられうるのはただそれだけであること、これは人間世界の根本的真理のひとつをなしている。もろもろの事物はわれわれの汝からわれわれのそれへと化すことによってはじめて、並列的に定位されるようになるのだ」[50]。

三種類の汝との関係

このようにして幼児は世界を客観的なものとみなすまなざしを取得する。このまなざしなしでは幼児は世界のうちで生きていくことができない。そしてふたたび「汝」との関係を取り戻すことができるのは、たとえばある他者を愛することを知ってからのことになるだろう。愛する他者はもはや〈もの〉であることをやめて、「汝」になることのできる貴重な存在なのである。ここで幼児は原初的な関係の夢を取り戻すことができるだろう。フロイトはわたしたちが愛する相手をみいだすときには、母親のイメージが強く働くことを指摘しているが、それはわたしたちが幼いときに愛する人と「汝」の関係を結んでいたのが、母親との二者関係のうちであり、それが「汝」との関係の原型になっているからだと考えられるだろう。

しかしブーバーがユニークなのは、わたしたちはたとえ樹本とのあいだでも、「汝」との関係を結ぶことができると考えていることにある。それは「その樹は生身の存在として私と向かいあい、私がその樹と関係をもつように、その樹もまた、ただことなった仕方によってだが、私とかかわりをもつ[51]」ことがありうるからだ。このとき、わたしたちは相手の樹とのあいだで、「専一的な関係[52]」を結んでいるのである。わたしたちは幼児の頃のように、世界のものとのあいだでこのような親しい関係を結ぶことができるとブーバーは考える。しかしこの関係はごく原初的なものにとどまる。自然の世界とのこの「関係」は「言語の敷居のところで止まってしまう[53]」のである。

人間はさらに他なる人間とのあいだで、このような親しい関係を結ぶことができる。これが愛の関係である。ここでは「関係は言語という形体をとる[54]」ことになる。しかしこの人間的な愛の関係よりもブーバーが重視するのが、「精神的実在との交わりにおける生[55]」である。「ここでは関係は無言でありながら、しかし言語を生み出しつつある[56]」のである。この「精神的な実在」とは、神のことであるのは明らかだろう。この神との関係においては、人格的な「汝」とは異なる種類の「汝」が立ち現れる。「この世界におけるひとつの実在あるいは実在的なるものとの真実な関係は、すべて専一的である。真実な関係においては汝は、解き放たれて、かけがえのない唯一のものとしてわれわれに向かいあって存在する[57]」のである。これは広い意味での宗教的な関係である。

ブーバーにおいてはこのように「我と汝」の関係は自然物、人格、精神的な実在としての神のあいだで結ばれるが、これらのすべてを貫くのは「永遠の汝[58]」である。真実なる専一的な関係を実現するときには、つねにこの「永遠の汝」との関係が生まれる。この「永遠の汝は経験され得ない」と同時に、この「永遠の汝は思惟され得ない」[59]ものである。樹木との原初的な向き合いにおいても、愛する人との人格的な関係においても、神との思想的な関係においても、わたしたちは「永遠の汝」との関係を結ぶことができるのである。「あらゆる領域は永遠の汝のなかに包みこまれているが、永遠の汝はどの領域にも包みこまれていない。これらのあらゆる領域をつらぬいて、一つの現在が輝いている」[60]のである。この関係は一般的な意味での宗教的な関係を超越し、人間のあらゆる真実な関係の背後にあり、あらゆる真実な関係を貫くものと言えるだろう。神との関係をたんなる有神論的な神学の領域から解放して、人間の原初的な存在のあり方に結びつけたブーバーの「永遠の汝」の思想は、哲学的な意味合いを含む深いところに達していると言えるだろう。

レヴィナスの反論

このブーバーの「我と汝」の思想に深く共鳴しながらも、それを乗り越える方向を示したのが、レヴィナスである。レヴィナスはブーバーが「我と汝」の関係を二人称で語られる人格的な関係だけではなく、樹木のような自然物にまで広げたことに疑念を表明する。わたしたちはほんとうに欅の木を「汝」とみなして対話することができるのだろうか。たしかにわたしたちは丹精して育てた庭木や盆栽に深い愛情を注ぐことができる。しかしこの愛情は「我と汝」という根源的な関係なのだろうか。レヴィナスはブーバーが「我と汝」の三種類の関係のうち、第一の対象である自然物においてもこの関係が生まれると考えていることの背景には、もっと複雑な事情があるのではないかと考える。第一にここには、第二の関係である人格的な関係が密輸入されているのではないだろうか。欅の木を「汝」と呼ぶとき、そこには人格的な「汝」の概念が流用されているのではないだろうか。それは「諸事物との関係と人間との関係に共通な尺度が存在する」[61]ということではないだろうか。そのことは事物との関係を人間どうしの関係からある共通の尺度によって結び付け、類推することができると考えるということではないだろうか。

ここでこの共通の尺度が、ブーバーの語った「永遠の汝」であるのは明らかだろう。実際にブーバーは、わたしたちが欅との間で、このような関係を結ぶことができるのは、そこにも「永遠の汝」が貫いているからであると説明していた。ということは、神を媒介にして初めて、このような自然物との根源的な関係が生まれるのではないだろうか。自然物が汝であるのは、第二の関係である人格的な汝を媒介としているからではないだろうか。

レヴィナスにとって問題となるのは、この第二の汝の関係もまた、ある共通の尺度によって神の存在に結び付けられていることである。「ブーバーにおいては、人間同士の関係は神を媒介として、神を模倣することで獲得される」[62]ものとなっているということである。このようにして永遠の汝はすべての「我と汝」の関係を可能にする条件として、すべての関係を貫いていることになる。そこからは人間どうしの関係において基本となる倫理的な関係は真の意味では発

エマニュエル・レヴィナス

Emmanuel Lévinas

1906-1995

リトアニア出身のユダヤ人哲学者。1930年フランスに帰化。第二次大戦中はドイツ軍の捕虜となり、捕虜収容所で五年間を過ごす。フッサールやハイデガーの現象学の研究から出発し、ユダヤ思想を背景にした独自の倫理学を展開した。現代哲学における「他者論」の代表的人物とされる。

生せず、神学的な思想だけが展開されることになる。このようにすべてのものをある共通の尺度によって判断しようとするのは、宗教だけではなく哲学に固有の方法でもある。たとえば存在論は「存在」という概念を根源的なものとみなすことによって、すべてを解釈しようと試みるのである。そのような方法では、人間同士の関係は「真に倫理的な意味を得ることがない[63]」のではないか。

レヴィナスの倫理の思想と哲学への批判

レヴィナスは倫理的なものとは、このような共通の尺度を拒否して、対話する相手のうちに「他なるもの」をみいだすことにあると考えている。「我―汝」関係のもっとも典型的な極は、「母―子」関係と、エロス的な恋愛関係である。ここでは二人の主体が正面から向き合い、他者との間で強い人間関係を結んでいる。しかしこの二者関係は閉ざされた関係であり、他の第三者を拒否するものである。二者関係からは、つねに第三者が排除されているのである。

レヴィナスは、二者関係においてつねに第三者が排除されるという事態は、第三者に対して暴力を行使するものであると指摘している。これは肉体的な暴力ではなく、わたしとの間で親密な人間同士の関係を結ぶことを望む第三者の願いを踏みにじるものとしての暴力である。レヴィナスはこれは人間関係においてもっとも原初的な暴力であると考える。

ある意味では、このような暴力は不可避なものであり、社会とはそのようにして成立するものである。わたしたちはすべてのものとの間でこうした親密な関係を結ぶことはできないからだ。しかしレヴィナスが主張したいのは、二者関係というものはこのような第三者を排除するものであり、この関係を至高のものとしてモデル化してはならないということである。それがレヴィナスの言う〈顔〉のメッセージである。〈顔〉とは、他者と「直・面すること」、他者と顔―顔の関係を結ぶことであり、二者関係の極である。しかし同時に〈顔〉が語るのは、わたしが他者との間で二者関係を結ぼうとすると、第三者を排除することになるということでもある。だから〈顔〉は同時に、この排除された第三者の存在を告げるものである。ここでレヴィナスが「我と汝」の二者関係に代わるものとして提示するのは、エロスなき愛であり、他者に対して主体がすでに責任を負っているという事態である。

ここで確認しておく必要があるのは、レヴィナスにおいては責任とは、みずから「負う」という雄々しき行為ではなく、主体のうちにすでに書き込まれてしまっているものだということである。主体が主体として存在しうるということは、その主体にすでに他者に対する責任を負わされるという事態が成立しているということだとレヴィナスは考える。主体は自律的な主体として成立しうるのではなく、すでに他者に責任を負った主体として成立してしまっているのである。

わたしたちは社会で相互に責任を負いあう主体として生きているはずである。しかしレヴィナスはそこに相互的な責任による平等性をみいだすことはない。わたしが他者に負う責任は、他者がわたしに負う責任よりもつねに重いものとなっている。それはわたしと他者との相互的な関係のうちに構造的にそなわるものである。「たとえ私と隣人がたがいに責任を担っているとしても、この私は、相互的な責任に加えて、さらに果たすべき応答をつねに有している。つまり、私は隣人の責任そのものに対しても責任を有している」[64]とレヴィナスは極言する。

レヴィナスのこのような主体の概念は、第1章で検討してきた主体の概念、わたしたち人間が自己を確立するのは他者という鏡によってであり、主体のうちには大きな欠落が存在するという思想と響きあいながら、それをさらに高めるものとなっていることに注目したい。他者はわたしの鏡であるだけでなく、「私よりも高き者であると同時に私よりも貧しき者であるような倫理[65]」的な関係のうちにある存在なのである。これはユダヤ教という宗教から生まれた倫理思想が、ヘーゲルのような体系によって知の全体性を確立しようとする哲学の野心のうちに潜む問題点を裏側からあぶりだすような営みなのである。レヴィナスのこの思想は、全体性に傾きがちな西洋の哲学の伝統を批判する強力な論点を提供するものとなっている。

デリダのメシア論

ところで前の章の最後で紹介したメシアの思想は、既成の歴史の理解のうちに、予想もしなかった異質な他者の視点をもち込んで、歴史観を一新する可能性のあるものとされていた。それがメシアという名前で呼ばれるのは、ユダヤ教の伝統のうちから芽生えた思想であり、ユダヤ教の救世主であり最後の審判者である存在に着想をえたものだからだ。しかしこのようなメシア的なものについての思想はユダヤ教という宗教の伝統から切り離しても考えることができるだろう。ベンヤミンはこの概念を既存の歴史的な解釈を打破するために提起したのであるが、この概念は既存の伝統を打破するために、哲学的に使うことのできるものであり、宗教そのものへの批判の道筋となりうるものである。レヴィナスの思想が宗教的なものに依拠しながら哲学を批判する論拠となりうるものであったのと対照的に、デリダはこのメシアという宗教的な概念を哲学的に利用することで、宗教を批判するための論拠とすることを試みている。

　デリダはベンヤミンのメシアの思想にはまだユダヤ教という母斑が残っていると考えて、これから切り離そうと試みる。ベンヤミンのメシア論に依拠しながらも、そこから宗教的な要素を取り除こうと努めるのである。ベンヤミンは「歴史の概念について」の最初のところで、既存の歴史的な観念という拘束からの解放の望みについて触れながら、こうした解放の望みを抱くのは「わたしたちにはかすかなメシア的な力が付与されている[66]」からではないかと語っていた。

　デリダはこの「かすかな」という限定をあえて否定する。そしてわたしたちに付与されているのは、かすかなメシア的な力ではなく、「メシアニズムなきメシア的なもの[67]」であるといいかえる。メシアの形象から「ある種のユダヤ的伝統を切り離す[68]」ことが求められていると考えるからである。そして「私の〈メシア的〉という語の使い方は、どんなメシアニズム的伝統にもまったく結びついていない[69]」と断言するのである。

　デリダはベンヤミンのメシアの思想に強く惹きつけられながらも、そこからユダヤ教とそのメシアニズムという宗教思想の匂いを消し去ろうとする。そしてこれをあくまでも既存の歴史および歴史的な解釈から切り離して、伝統的な歴史の解釈とはまったく異質なものを指し示すために語ろうとするのである。デリダはマルクスについての論考において、マルクスの思想をマルクス主義の伝統からも、国家やインターナショナルの伝統からも解放することを試みる。そうした解放の試みは、「解放を目指すメシア的な肯定といったものであり、約束の経験といったものであり、一切の教義体系や一切の形而上学的・宗教的規定から、さらに一切のメシアニズムからさえ自由なものとなる」[70]試みであることを強調する。

デリダにとってベンヤミンから受け継いだこのメシア的なものという思想は、「事物や時間や歴史がいつものように流れているその流れの中断を今ここで命じてくる」[71]ものであり、既存のあらゆる解釈を停止させる力をもつものなのである。このデリダのメシア論は、宗教と哲学の関係についての興味深い観点を示している。ベンヤミンのメシア論からユダヤ教という宗教的な要素の残滓を取り払い、それを哲学的な思考の方法論に展開する試みだからである。

それだけではない。このメシア的なものという概念が宗教的な残滓を引きずるものであることは、この観念が宗教批判にも有効に使えることを意味している。というのも、デリダは宗教と信仰とを明確に区別する。信仰というものは「社会的なつながりないしは他者への関係一般の構造」[72]を示すものであり、宗教はそうしたつながりの一つにすぎないからである。そしてデリダは、この「〈メシアニズムなきメシア的なもの〉という表現は、少なくとも暫定的には、この信仰と宗教との差異を翻訳するのに好都合であると私には思われた」[73]と説明している。

このメシア的なものという概念は、その宗教的な残滓のために、宗教というイデオロギーを解釈するための好都合な道具として役立つと思われたのである。というのも宗教的なものは人間の精神的な生の原初のうちに誕生したものであるだけに、そのイデオロギーはさまざまなイデオロギーのうちでも、もっとも深くもっとも根源的なものであると思われるからである。宗教的なものは「イデオロギー的幽霊もしくは幻想の生産に対して、その根源的な形態もしくは参照となるパラダイム、すなわち第一の〈類例〉を提供する」[74]と言えるだろう。このデリダの思想は、宗教というものを手がかりにしながら哲学的な思考を深めようとする野心の重要な成果の一つと言えるだろう。

第3節
民族と国家の結びつき

民族（エスニシティ）と国家および国民（ネーション）

宗教とは何かという問いと同じく、民族とは何かという問いもまた答えるのが難しい問いである。この節では、宗教と同じように国家を超越した力として、国家を創設する能力だけではなく、既存の国家を破壊する能力をもつ民族という理念について考察することにしよう。わたしたちは日本という国に暮らしていて、一つの民族に属していると思っている。しかし日本という国家のうちに暮らしているのが、いわゆる日本民族だけではないのは、よく知られていることだろう。沖縄に住む人々や、北海道のアイヌが少なくとも出自からは別の民族に属する人々であることは、すでに明らかにされてきた。しかし外見からはそれほど明確には区別できないことも多いのに、アイヌの人々は自分たちを日本人とは異なる民族であると考えているのはどうしてだろうか。

民族（エスニシティ）とは何かという問いに対しては、二通りの答え方がある。第一の考え方は、民族を決定するのは客観的な基準であると考えるものである。これは、民族とはその人が「生まれながらに受け継ぐ本源的性格や、客観的なデータ基準[75]」によって決まるという考え方である。自分がアイヌであるのは、大和民族であるのは、客観的にわたしという存在のあり方によって決まっていると考えるのだ。スターリンの定義はこうした民族観を示すものとして有名だろう。「民族とは、言語、地域、経済生活、および文化の共通性のうちにあらわれる心理状態、共通性を基礎として生じたところの、歴史的に構成された人びとの堅固な共同体である[76]」。ある人が自分をアイヌ民族であると考えるのは、その人が自分はこれまでのアイヌの歴史と言語を共有する人々の集団に属していると感じているからだということになる。

このような民族の客観的な定義とは対立するのが、人々は主観的な意識に基づいて、自分がある民族に属するかどうかを決定すると考えるものであり、これは構成主義的な定義と呼べるだろう。この考え方によると民族とは、「共通の名称、文化的要素を有し、共通の起源にまつわる神話と、共通の歴史的記憶を保有する人びとによって構成される集団が、特定の領域において、みずからを結合し連帯感をもつ存在[77]」とされることになる。何らかの客観的な共通性によってではなく、あくまでもそれぞれの主体の意識によって、自分が所属する民族が決定されることになる。

ナショナリズム研究で有名な人類学者**アーネスト・ゲルナー**（一九二五〜一九九五）はこの二つの定義を整理して、民族というものを規定する次の二つの基準を示している。一つは文化の共通性という客観的な基準であり、もう一つは本人の自覚という主観的な基準である。客観的な基準によると、二人の人が「同じ文化を共有する場合に、そしてその場合にのみ、同じ民族に属する。その場合の文化が意味するのは、考え方・記号・連想・行動とコミュニケーションとの様式からなる一つのシステムである[78]」。もう一つの主観的な基準は、二人の人が「お互いを同じ民族に属していると認知する場合に、そしてその場合にのみ、同じ民族に属する。換言するならば、民族は人間が作るのであって、民族とは信念と忠誠心と連帯感によって作りだされた人工物なのである[79]」。

国民とは何か──客観的な規定

重要なのは、ある人が自分を個人としてだけでなく、民族の一員として考える場合があることであるが、その場合には自分を「われわれ」という集団の一人として自覚しているということである。民族の場合にはこの「われわれ」はたんなる人々の一時的な集まりとしての集団ではなく、地理的にも歴史的にも文化的にもあるアイデンティティをもった特別な集団であるということである。そしてこのような集団は、国家であることが多い。わたしたちが自分を大和民族であると判断するときには、自分は日本という国家の一員であると意識するということと、

アーネスト・ゲルナー

Ernest Gellner

1925-1995

フランスのオーストリア系ユダヤ人家庭に生まれ、プラハで育つ。ナチスのプラハ占領後、13歳でイギリスに移住。大学で哲学、社会人類学を学ぶ。近代産業社会の形成とナショナリズムの関係を考察した『民族とナショナリズム』はナショナリズム論の必読の書である。

ほとんど同じことを意味している。それは日本という国家が実際には複数の民族で構成されているということとは別の問題である。民族という概念は国家という概念に吸い寄せられる傾向があるのだ。そしてこの民族という概念が、国家の内部においてさまざまな問題を引き起こすのである。そのことを象徴的に示しているのが、民族と国家の概念が結びついた国民という概念である。

近代の国民国家は、多くの場合、複数の民族で構成されている。日本を含めて、単一民族によって構成された国家というのは幻想にすぎない。そのため近代化と国家の形成の際には、複数の民族を統合するために、国家においては国民という理念が好んで活用されてきた。フランス革命以前において国民という言葉は、たとえば「特定の境界によって区切られた国の特定の範囲に居住し、同じ政府に従属するかなりの数の住民の総称である」[80]と定義されていた。国民とは、地理的な限界と支配者による統治という政治的な状況によって規定された存在だった。

フランス革命のイデオロギー的な土台を構築した政治家**エマニュエル＝ジョゼフ・シィエス**（一七四八～一八三六）の『第三身分とは何か』では、国民は「共通の法律の下で生活し、同じ立法府によって代表されるなどの条件を満たす人々の団体である」[81]と規定される。このように規定することによって、フランス革命の思想的な狼煙（のろし）を上げたシィエスは、聖職者や貴族たちを国民から除外する。聖職者や貴族たちは特権を享受しており、同じ法律にしたがっていないからである。国民を構成するのはこれらの第一身分と第二身分の人々を除外した第三身分、すなわちブルジョアと労働者たちでなければならない。「第三身分ではない者は、自分が国民に属するとみなすことはできない。第三身分とは何か。全てである[82]」。

国民とは何か――主観的な規定

これらの国民の定義は、民族についての客観的な定義と同じように客観的なものであるが、こうした客観的な定義はやがて不十分なものとなる。ある人が一つの国の国民であるかどうかは、現代ではその人がパスポートを所持できるかどうかで判断できるだろうが、その人がみずからその国の国民であると感じているかどうかは、こうした基準では判断することができない。このような主観的な規定が必要となるのは、国家と民族との関係が揺らぎ始めたときからである。この問題に正面から取り組んだのが、ドイツの哲学者ヨハン・ゴットリープ・フィヒテとフランスの宗教史家**エルネスト・ルナン**（一八二三～一八九二）だった。

まずナポレオン戦争によって国土を蹂躙されたドイツにおいて、一つの国民になるためにはどうすればよいかと自問し、ドイツ人が「根源的な民族」であることを訴えて、そのことを人々に教え込むしかないと考えたフィヒテの演説「ドイツ国民に告ぐ」からみてみよう。この演説はフランス占領下のベルリンで一八〇七年の一二月から一八〇八年の三月にかけて行われた連続講演である。この講演においてフィヒテは、誰をドイツ民族の一人とみなせるかと問い掛けて、ドイツ語を話せるかどうか、ドイツに居住しているかどうかではなく、自由というものを愛する人であれば、誰もがドイツ民族の一人であると主張した。「少なくとも自由の存在に気づき、自由を憎んだり恐れたりするのではなく、自由を愛する人――このような人々はすべて始原的な人間であり、もし彼らを一つの民族としてみるならば、一つの根源的な民族（ウアフォルク）、民族そのものである民族、すなわちドイツ人なのです[83]」というのである。

あるいはフィヒテは次のようにも語っている。「精神性ならびにこの精神性の自由を信じる人、そしてこの精神性を自由を通じて永遠に発展させようと欲する人、そのような人々は、どこで生まれどんな言語を話していようとも、われわれの同胞なのである[84]」。ドイツに住んでいて、ドイツ語を話していようとも、そのような精神性の自由を信じない人は、「よそ者」であり、「こうした人々はできるだけ早くわれわれのもとから跡形もなく立ち去ってほしいものです[85]」と、ドイツからの立ち退きを望むほどなのである。フィヒテにおいて国民は、これまでの歴史的な経緯という過去の時間ではなく、現在と未来という時間にかかわるものとなっていると言えるだろう。

次にやがてドイツ帝国を形成するプロイセンとの戦争に敗北したフランスにおいて、国民の観念の発展を望んでいたルナンの国民についての議論「国民とは何か」を調べてみよう。ルナンは一八八二年にソルボンヌで行った「国民とは何か」という講演において、国民とは何かを考えるためには、種族の同一性や言語の同一性などという客観的な要因だけを重視してはならないことを強調する。「言語だけをもっぱら重視するこの考え方にも、種族に過度の注意を払う場合と同様、特有の危険や不都合があります。この傾向が昂じると、国民的とみなされた、ある限定された文化に身を閉ざすようになります[86]」。

国民を国民にするのは、記憶と意志である。「国民とは魂であり、精神的原理です。実は一体である二つのものが、この魂を、この精神的原理を構成しています。一つは過去にあり、他方は現在にあります。一方は豊かな記憶の遺産の共有であり、他方は現在の同意、ともに生活しようという願望、共有物として受け取った遺産を運用し続ける意志です[87]」。過去の栄光を受け継ぎながら、さらに偉大なことを成し遂げようと意志すること、そこに国民の魂が生まれるとルナンは考える。この二つの要素がその時点において焦眉の問題となっていたのが、ドイツ帝国に占領されたアルザス・ロレーヌ地方の所属だった。ルナンはこの地方がそれまでフランスという国家の一部として存続してきたという記憶と遺産を踏まえて、この地方の人々の意志を問うべきだと考える。というのも「国民の存在は（この隠喩をお許しください）日々の人民投票なのです[88]」。住民の意志を投票によって明らかにすることこそが、この問題の何よりも必要な解決方法なのである。

ナショナリズム

このように考えられた国家は、政治的な単位としてのステートではなく、国民という意味を含むネーションという言葉で呼ばれる。このようなネーションとエスニシティとは複雑な関係をそなえており、これが一致しないのが通例である。そこでこれを一致させようとする運動が、国民国家の成立の初期の頃から胎動していたのであり、そこからナショナリズムという運動が誕生した。ゲルナーの定義によると、ナショナリズムとは「政治的な単位と民族的な単位とが一致しなければならないと主張する一つの政治的な原理である」[89]。この場合に、政治的な単位とは国家であるが、民族的な単位とはどのようなものだろうか。ゲルナーは主として同一の文化を所有する人々の集団と考えている。ナショナリズムとは「文化と政治体とを一致させ、文化にその自前の政治的屋根を、しかも一つの文化に一つだけの屋根を与えようと努めることである」[90]というのである。それでは文化とは何か。「文化の基準は、言語であろう」。「言語の違いは必ず文化の相違を伴う」[91]とされている。

そこで言語の数と国家の数を比較してみると、潜在的なナショナリズム運動の数を数えることができるだろう。地球の言語の数はほぼ八千と見積もられているが、国家の数は二百ほどである。すると地球上に存在する潜在的なナショナリズム運動は八千もあるのに、有効なナショナリズム運動の数は、二百ほど、多めに見積もっても八百ほどになる。このことからゲルナーは「一、〇の潜在的ナショナリズムに対して、有効なナショナリズムはただ一、つしかない」[92]と計算している。文化集団が独自の国家をもつことを望むのは、その可能性のある集団の数の十分の一にすぎないというわけである。

一つの国家が複数の民族で構成されている場合には、その国家のうちに存在する民族は、政治的な独立を求める感情をもつようになる傾向がある。スペイン北東部のカタルーニャ地方は、独自の言語と文化をもつ自治州であり、スペインから独立することを求める運動が以前からつづいている。これはスペインという一つの国家を解体する方向に進む運動である。これとは反対に一つの民族が複数の国家のうちに横断的に存在している場合には、それらの国から独立して、別の一つの国家を設立しようとする運動が生まれることがあるだろう。スペインとフランスの国境にまたがって存在するバスク民族は、独立を求めて武装闘争を展開した経緯がある。

このように文化的な伝統に基づいたはずの民族は、近代にいたって政治的な独立を求めるナショナリズムの運動の源泉となったのである。こうしたナショナリズムの運動で思い描かれた国家ネーションとは、実体として存在するものではなく、人々の想像力のうちで思い描かれたものである。ネーションとしての国家とは「イメージとして心に描かれた想像の政治共同体である――そしてそれは、本来的に限定され、かつ主権的なものとして想像される」[93]ものであると言えるだろう。

そして地球には多数の民族が存在しているが、現在のところは国家として存在しているのは、一九六カ国だけである。このためナショナリズムの運動はつねに存在し、ときには過激なものとならざるをえない。ナショナリズムは近代のイデオロギーである。というのも、国民国家が地球の全体にゆきわたって存在するようになった近代に特有の理念なのだからである。

このナショナリズムの情熱のもとで、民族という理念が激しく掻き立てられる。近代は国民国家を生み出した。この国民国家という装置は、最初は人々が大国や帝国や世界宗教の支配から自律して独立したあり方をするための好ましい方式と考えられた。他者に支配されず、自分たちの愛する「クニ」において、愛する母国において独立するという理念は、最初は誘惑的だったものである。第一次世界大戦が終結した後の一九一八年にアメリカ合衆国の**ウッドロー・**

ウィルソン（一八五六～一九二四）大統領が発表した一四カ条の平和原則では、その最後の条で「大国と小国とを問わず、すべての国に政治的な独立と領土の保全のための相互の保障を提供する目的のために、具体的な協定を締結することで、全般的な国家連合を設立しなければならない」[94]と謳ったのであり、これによって国際連盟が設立されたのだった。

しかし国家のうちに複数の少数民族が含まれる国では、この「政治的な独立と領土の保全」という目的がナショナリズムを誘発することは避けがたいことだった。この「平和原則」の第一〇条ではとくにオーストリア・ハンガリー帝国を構成する諸国について、「自治的な発展のためのもっとも自由な機会が与えられるべきである」[95]と語られたのだった。これによって帝国は、オーストリアとハンガリーのほかに、チェコスロヴァキア、ユーゴスラヴィア、ルーマニア、ブルガリア、アルバニアなどのバルカン諸国が独立する結果となった。さまざまな諸国は政治的な独立を実現したが、国内には多数の少数民族が存在していた。ユーゴスラヴィアには三つの民族が存在していた。そしてそれぞれの民族は、ユーゴスラヴィアという国家を信頼することができず、血を同じくする民族だけが自分を守ってくれると思うようになる。「ユーゴスラヴィアがもはや身の安全を守ってくれなくなったいま、血を同じくする民族、すなわちクロアチア人、セルビア人、スロヴェニア人だけが守ってくれるはずだというそそのかしだ。恐怖は信念以上の力をもって、ごくふつうの人々を不本意のナショナリストに変えていく」[96]のである。

これらの人々は他の民族の隣人を疑惑のまなざしで眺めるようになる。やがてはホッブズが描き出した自然状態、万人が万人にとって狼となる状態が出現する。違うところは、今では身の安全を保証してくれるのは、契約によって設立した国家ではなく、同じ血のつながりがあると信じられる民族だということである。「なかでも最大規模のグループである少数派セルビア人は、クロアチア・ナショナリズムの高揚にひどくおののいた」[97]のだった。こうなると「誰が守ってくれるのか――村人たちはめいめい不安におののいていた。セルビア人は思う。襲われてクロアチアの警察に訴えても、果たして守ってくれるだろうか。反対にセルビア村に住むクロアチア人は思う。セルビア人民兵の夜討ちから守ってもらえるだろうか。民兵を率いているのは、たいてい元警察官だ。民族浄化のロジックはこうしたなかから生まれてくる。隣人が信じられない、ならば追い出せ。彼らに囲まれては住めない、ならば血を同じくする仲間と住め。それだけが安全を得る唯一の道と見えた」[98]。このようにして自治独立の国家の理念は民族の情念のもとで、民族浄化の大虐殺への道を開いたのだった。こうしてユーゴスラヴィアという国家は解体して、三つの民族国家となった。このように民族という理念は、国民と国家の理念をズタズタに切り裂くような力をそなえているのである。宗教も民族も、新たな国家を形成する原理となるとともに、既存の国家を崩壊させる強い力をそなえているのである。

近代は生殺与奪ではなく、「生かし死ぬに任せる」生権力となったとフーコーは述べた。生政治の過剰は、まるで自己を非自己と間違って攻撃する自己免疫に似る。アガンベン、デリダ、ネグリ／ハート、エスポジトがフーコーの生政治の理論を深化、発展させる。

第5章 生政治と免疫の思想

ミシェル・フーコー

Michel Foucault

1926-1984

フランスの上流家庭に生まれる。狂気と理性の関係を考察し狂気の復権を提唱した『狂気の歴史』、近代世界の監視と懲罰の歴史を描いた『監獄の誕生』、社会における快楽と知の関係を考察した『性の歴史』（未完）などの著作を通して、権力のあり様を精細に分析した。エイズにより57歳で死去。

ブルーノ・ベッテルハイム Bruno Bettelheim 1903-1990
ユダヤ系オーストリア人の心理学者。強制収容所に送られるも1939年に解放され渡米。シカゴ大学心理学部教授を務め、知的・情緒障害児を研究。母親の不適切な育て方で自閉症児になる「冷蔵庫マザー説」を支持するなど問題も多かった。

プリーモ・レヴィ Primo Levi 1919-1987
ユダヤ系イタリア人の化学者・作家。第二次大戦中のレジスタンス活動により強制収容所へ。収容所の工場で化学技術者として働いた体験から著作を発表。虐殺の協力者／被害者であるユダヤ人の境遇を「灰色の領域」と呼んだ。

ジャン＝リュック・ナンシー Jean-Luc Nancy 1940-2021
フランスの哲学者。ジャック・デリダの影響を受けつつデカルト、カント、ヘーゲル、ハイデガー、バタイユを考察し、共同体論を展開。映画監督や現代美術作家、コンテンポラリーダンサーらとも協働し作品を発表した。► 6章

マックス・ホルクハイマー Max Horkheimer 1895-1973
ドイツの哲学者、社会学者。1930年フランクフルト大学の社会哲学教授になり社会研究所を主宰。古典哲学と社会学、心理学、精神分析などの新しい科学的成果を総合する現代社会理論の共同研究を目指した。

エドワード・ジェンナー Edward Jenner 1749-1823
イギリスの医学者。郷里で開業医のかたわら、流行していた天然痘を研究。牛痘（牛の天然痘）から得た膿疱による人体への免疫の効果と安全性を立証した。近代免疫学の父と呼ばれる。

ロベルト・エスポジト Roberto Esposito 1950-
イタリアのナポリに生まれる。フーコーが提起し、アガンベンが展開した生政治の思想に、自らを防衛しようとする結果、暴走し攻撃に転じる免疫の思想を取り入れ、生政治と生権力の対立を考察し、新たな共同体を構想する。もっとも注目されるイタリア現代思想家のひとり。► 6章

第1節 生政治と生権力

生政治とは何か

生政治（ビオ・ポリティーク）というのは、フランスの思想家**ミシェル・フーコー**（一九二六〜一九八四）によって初めて明確な思想的な概念として提起されたものである。この奇妙な言葉は、ギリシア語で生命を意味するビオスと政治的なものを意味するポリティケーから作られた言葉であり、生の政治あるいは生の政治学と訳せるだろう。この概念は、近代の初頭から国家をめぐる主権の概念に代わるものとして重要な役割を果たすことが期待されている。

フーコーは近代以前の王侯などの支配者が臣民に対して行使する権力は、臣民に死を与える生殺与奪の権力であったことを指摘する。「生命に対する主権的権力の効果は、主権者が殺すことができるときにしか行使されないのです」[01]。これは臣下を切り殺す「剣の権利」だった。いわば「死なすか、それとも生きるに任せるかという権力」[02]である。

これに対して近代以降の主権者の権力は、臣民の生命を奪うことによって行使されるものではなくなった。まず最初に登場したのは、人間の身体に働きかけて、臣民を効率よく「生かす」権力だった。これは訓練されたことがなく、規律のない大衆に、身体の側面から働きかけて、近代国家を担うに足る有用な人材にすることを目指すものだった。明治以降の日本の国家は、国民に教育を与え、規律にしたがって労働させ、兵士として軍隊に組織することで、国の富を増やし、国家を防衛する軍隊を確保しようとした。それまでの農民は、規律にしたがって行動することなどは知らず、自然のうちで仕事の都合におうじて働いていた。このような農民には近代的な組織的な労働も、軍規にしたがう兵士も期待できなかった。そこで子供たちを学校に集めて集団として行動するために必要な身体的な規律を与え、工場で機械を操作するために必要な基礎知識を習得させ、近代的な労働者と兵士を育成しようとしたのである。

ヨーロッパでは一七世紀末から一八世紀に民衆に規律を与えるために活用されたこの技術は、「労働の規律テクノロジー」[03]と呼ばれるものであり、これは人民の「身体を引き受け、練習や訓練などによって身体の有用な力を最大化する諸技術」[04]だった。フーコーはこの人間の規律の技術を「人間身体の解剖-政治」[05]学と呼んでいた。この身体の政治学が、近代化を担う国民を育てあげたのである。わたしたちが集団として行動することができるのは、かなりの程度までこうした身体的な規律の名残によるものである。

しかし一八世紀末の頃から、個々の人間の身体に働きかけて、有用な身体を作りだす技術とは性質の異なる技術が登場する。人々の身体の効率的な働きに注目するのではなく、人々を住民全体の一人として、「種」としての人間のあり方に注目する技術である。この技術が注目するのは「人間-身体ではなく、生きた人間、生き物としての人間です。突き詰めて言うと人間-種なのです」[06]とフーコーは表現する。この技術が注目するのは国民を民衆の集団としての住民（人口）という観点からみた人間の「誕生と死亡の割合、出産率、人口の繁殖など」[07]であり、フーコーはこの技術を「生政治」の技術と名づけたのである。この技術を行使する権力は、支配の対象としての住民の生に注目し、「生命を最大化し、そこに起こりうる事故や偶然性や欠陥を管理する」[08]権力である。これは中世の臣民を殺す権力、生殺与奪の権力、すなわち「死なすか、それとも生きるに任せるかという権力」とは正反対の方向を向いた権力、すなわち「生かし死ぬに任せる」[09]権力なのである。

この生政治の権力、生権力（ビオ・プヴワール）は、福祉国家が登場してからというもの、わたしたちにはごくなじみのものであり、それが権力であることも忘れるくらいに自明なものになっている。しかし明治維新までは生殺与奪の権力が日本を支配していたのであり、明治維新の後に人間の規律技術が登場し、わたしたち人民を支配したことを忘れるべきではないだろう。これはまだ新しく登場したばかりの権力なのである。

コロナ禍というパンデミックに襲われた現代という世界は、まさにこの生を目指す権力によって支配されている世界である。生権力を目指す権力は、国民の生命と福祉を守るという意味では恩恵を与える権力のようにみえるとしても、こうした権力はときにたんに殺戮する権力よりも過剰になって、きわめて多数の国民を死に追いやることも珍らしくない。第二次世界大戦においてアメリカ合衆国は、自国の兵士の生命を守るという名目のもとで、敵国である日本に二度にわたって核爆弾を投下した。生命を守る権力が同時に破滅的な死をもたらす権力となったのである。ドイツではナチズムが国民の純粋な血を守るという名目のもとで、すでに国民としての資格を得ていたユダヤ人を大量に殺戮しただけではなく、国民のうちでも精神的に障害のある人々を圧殺する行為に出たのだった。このとき、生権力は国民の生政治を破壊する力をもつことになる。

この生権力は、過剰になると主権の統治する国民の死を目指すようになるのである。「この生権力の過剰が生じるのは、生命を調節するばかりか、生命を繁茂させ、生物を製造し、怪物を製造し、究極には管理不可能で普遍的破壊力を持つウイルスを製造する[10]」ようになるのである。これは「主権的権力にたいする生権力の過剰[11]」と呼べる事態である。

国民を生かすことを目的とする生権力が、このような二種類の過剰のうちに、国民に主権を行使する主権権力のもとで国民に死をもたらすことを目指すようになるのである。この生権力の逆説的なあり方は、国民という政治的な身体のうちから住民という生物学的な身体をみいだすことによって可能となったのだった。このまなざしの変化に注目したフーコーは、生権力と生政治という概念を提起することによって、核戦争の危機とパンデミックに苦しめられる現代という時代を考察するための重要な手がかりを提示したのだった。

フーコーがエイズという感染症で亡くなったのは、思えば象徴的なことだったかもしれない。フーコーは自分の身体を使って、感染症の時代に生きる意味を探ったと言うこともできるだろう。この時代にあっては、他者との身体的な接触がときに致死的な脅威となるのであり、コロナ禍のうちでわたしたちもまた、他者との交流がみずからにも、他者である相手にも、死をもたらす可能性のあることを実感させられたのである。

アガンベンの死政治(タナトポリティクス)

フーコーのこの生権力と生政治の概念を受け継いで、生を目指す権力が、死を目指す権力に変貌するという生権力と生政治の現代的な逆説に注目したのがイタリアの哲学者**ジョルジョ・アガンベン**(一九四二〜)である。アガンベンは近代以前の国家の権力は「死なすか、それとも生きるに任せるか」という殺す権力であり、近代の生権力は「生かし死ぬに任せる」ことを目指す権力であるというフーコーの示した区別を認めながら、ファシズム以降の現代の権力は、そのどちらでもなく、第三の権力方式を採用したと主張する。「それは二十世紀の生政治のもっとも特徴的な性格を定義するものである。もはや死なせるでも生かすでもなく、生き残らせるというのが、それである」[12]という。

生きるのでも死ぬのでもなく、「生き残らせる」とはどういうことだろうか。この「生き残らせる権力」という概念はアウシュヴィッツを生き延びた証人たちの言葉からアガンベンが作り

ジョルジュ・アガンベン

Giorgio Agamben

1942-

イタリアのローマに生まれる。ハイデガー、フーコー、ベンヤミンの影響を受け、政治権力の本質を人間の生から内在的な歴史性を剝奪することであるとし、それに対抗する生の形式と様態を構想。政治空間における法秩序の例外状態にある「ホモ・サケル（聖なる人間）」の思想が特に知られている。

だしたものである。強制収容所においては、多くの人が人間性を喪失して、ただ生きているだけの存在になってしまった。こうした人々は「回教徒」と呼ばれた。かれらは「見かけは人間のままでも、人間が人間であるのをやめる地点[13]」に達してしまった人々であり、「動くことができずに横たわり、まだわずかながら息をしている者たち[14]」である。姿はまだ人間であり、生物学的には生きているが、もはや生きる意志も希望も喪失し、ただそこにいるだけの存在、「歩く死体[15]」としか言いようのない存在である。

ダッハウとブヘンヴァルトの強制収容所から生還したユダヤ系オーストリア人の**ブルーノ・ベッテルハイム**（一九〇三～一九九〇）は、強制収容所で死んでしまわずに、しかもこうした「回教徒」のような存在にもならずに「生きのびる」ような存在になるかをどうか決めるある限界点が存在することを指摘していた。「歩く死体にならずに人間として、おとしめられ零落しても人間として生き残りたければ、なによりもまず、なにが自分自身にとってあと戻りのできない限界点であるのか、どんな犠牲を払っても、たとえ生命を危険にさらしてでも、けっして抑圧者に屈してはならない限界点であるのを自覚している必要があった[16]」。この限界点を超えてしまうと、人間としての誇りを完全に喪失し、生きる意欲をすべて失って「歩く死体」になってしまうのである。こうした人々はもはや人間として生き残ることはできなかったのである。

強制収容所から生きのびた人々は誰もがこのような限界点を自覚し、人間としての誇りをわずかながらも保つことで「回教徒」にならずに生きる意欲を失わなかったのだろう。しかし問題なのは、このようにして「生き残った」人々は、そのことで恥辱を感じなければならないということだった。強制収容所という場所は、こうして生き残るためには多くの妥協を重ねなければならなかった。ここは、自分の誇りを著しく傷つけなければ生き残ることのできない場所なのである。これらの人々が証しているのは、この強制収容所という場所では、「いかなる想像もおよばないくらいに尊厳と上品さが失われうるということ、零落の極みにあってもなお生が営まれるということ」[17]なのである。生きつづけるということは、このような恥辱を日々の生活において味わいつづけるということであり、ベッテルハイムやイタリアの文学者**プリーモ・レヴィ**(一九一九〜一九八七)などは、強制収容所の生き残りとして証人になった後に、みずから生命を断ったと言われているのである。

このようにして強制収容所から生き残った人々は、みずからの尊厳を傷つけられ、恥辱を感じながら生きつづけることを強いられながら、ただ生き残っているのである。このような生き残りの生はしかし、強制収容所から生きのびた人々だけに限られない。このようなあり方をして生きている人々が、たとえば難民のように現代にもなお存在するのである。こうした人々をアガンベンは「ホモ・サケル」という概念で提起した。これはローマ法によって定められた人間の地位であり、法の適用を除外された人々のことであり、「聖なる人間」すなわちホモ・サケルと呼ばれた。こうした人々は、「誰もが処罰されずに殺害することができたが、彼を儀礼によって認められた形で殺害してはならなかった」[18]。すなわちこのカテゴリーに入る人は、法律の定めにしたがって処刑することはできないが、法の外部でリンチのようにして殺害しても罪に問われないのである。

このようにホモ・サケルという地位にある人間は、法の適用が行われず、国民としてではなく、たんなる住民の一人として扱われることになり、こうした生のあり方をアガンベンは「剝き出しの生ないしは聖なる生」[19]と呼んでいる。強制収容所の生はまさに人間が人間ではなく、「剝き出しの生」にされてしまう場所なのである。「収容所での身振りや出来事のすべてが、最も普通なものから最も例外的なものにいたるまで、剝き出しの生に関して決定している」[20]のであり、「収容所は、かつて実現されたことのない最も絶対的な生政治空間である。そこで権力が向き合っているのは、まさに何の媒介もない純粋な生なのである。したがって政治が生政治になり、ホモ・サケルが市民と潜在的には混同されてしまうという点で、収容所は政治空間の範例そのものなのだ」[21]ということになる。

そして剝き出しの生が露出するのはこうした強制収容所の内部だけではない。難民は、国籍を失い、基本的な人権を認められず、法の適用の外部にあることによって、このような剝き出しの生を生きているのであり、ホモ・サケルの地位を割り当てられているのである。現代はこのようなホモ・サケルがいたるところで登場する時代である。脳死を判定された生ける死体はこのようなホモ・サケルの地位を与えられた存在であり、移植のために臓器を取りだしても罪に問われることはない。コロナ禍のパンデミックのさなかにあって、多くの重症患者は、このようなホモ・サケルの地位に近い存在として扱われることになった。家族は病人を見舞うこともできず、死を迎えた後も葬儀に立ちあうこともできないことが多かったのである。「現代にあってはすべての市民が、ある特殊な、だが現実的きわまる意味で、潜在的にはホモ・サケルの姿を呈している」[22]といっても誇張ではないのである。フーコーが描きだした生政治は、死政治（タナトポリティクス）に転換する。これがアガンベンがフーコーの生政治の概念から引き出した結論と言えるだろう。

なおホモ・サケルという概念がローマ法から取りだされていることからも明らかなように、アガンベンはフーコーとは異なり、生権力の営みが近代になって始まったものとは考えていない。この権力は古代から一貫して活用されてきたとアガンベンは主張している。というのもアガンベンは「主権権力の基礎的な働きは、剝き出しの生を始原的な政治的要素として、また自然と文化、ゾーエーとビオスとを明確に区別する境界線として生産する」[23]と考えるからである。ここでゾーエーとビオスの違いは、アリストテレスに由来するものであり、人間的な生はビオスと呼ばれるが、人間は同時に動物的な生命としての存在、ゾーエーとしての生を生きているとされたのである。

アガンベンにしたがって生権力が古代から存在するのだとすると、こうした権力は権力そのものの誕生とともにあることになる。「西洋の政治ははじめから生政治であり、政治的自由を市民権の基礎とするあらゆる試みが無意味になる」[24]とアガンベンは主張する。政治権力は最初から、人をホモ・サケルの地位に落とすことで、「殺人罪を犯さず、供犠を執行せずに人を殺害することのできる」[25]権力だったと考えることができる。アガンベンはこのようにして生権力と生政治の考察の範囲を歴史的に一挙に拡大したと言えるだろう。

そもそもプラトンの『国家』において優生学的な思想が展開されていることを考えれば、生政治は古代からその萌芽をのぞかせているというべきだろう。フランスの哲学者**ジャン＝リュック・ナンシー**（一九四〇～二〇二一）の語るように、「ローマにおける穀物備蓄のための組織やアテネにおける新生児の選別規則、ファラオが治めていた時代のエジプトにおける医師の育成や土地の灌漑についての規則を見ればわかるように、〈生政治〉を完全に免れているような社会政治的な構築物などないのだ[26]」ということになる。

ネグリ／ハートの「マルチチュード」論

アガンベンと同じようにフーコーの生政治と生権力の理論を受け継ぎ、さらに発展させたのがイタリアの哲学者である**アントニオ・ネグリ**（一九三三～二〇二三）とアメリカの哲学者**マイケル・ハート**（一九六〇～）である。彼らは画期的な著作『〈帝国〉』において、フーコーの生政治の概念に依拠しながらも、アガンベンとは対照的に生政治の死の側面ではなく、生の側面に注目した。彼らは「フーコーの仕事によって、新しい権力パラダイムの生政治的な性質を認識することが可能になった[27]」ことを認めながら、「このような権力の最高度の機能は、生をくまなく包囲することであり、そしてまたその主要な任務は、生を行政的に管理することである[28]」と指摘する。彼らは生権力が人々をいかに支配するかという「法的な側面」よりもむしろ、この権力が人々の生産意欲を掻き立て、いかにしてみずからの生産力を働かせることで、この社会のうちで幸福になろうとするかという「行政的な」観点から考える必要があると主張する。重要なのはむしろ生権力の「生産的次元[29]」だということになる。

彼らは現代において登場した新たな権力を、〈帝国〉の権力と呼んでいる。この帝国とは、ヨーロッパの伝統的な領土的な概念ではなく、「あらゆる社会生活の深部にまでその力を行き渡らせながら、社会秩序の全域に作用を及ぼす[30]」ような生権力のことである。この権力は「領土と住民を管理運営するばかりでなく、自らが住まう世界そのものを創り出す[31]」ことのできる能動的な力をもつ支配機構であり、現代において帝国とみなされがちなアメリカ合衆国のような一つの国家形態を乗り越えたものである。

ネグリたちはこのような〈帝国〉の内部で、みずから能動的に働きかけて、自分たちの生を守り、享受しようとする人々に注目し、これを「マルチチュード」と呼んでいる。もともとは多数とか群衆という意味をもつ言葉であるマルチチュードとは、「人民・大衆・労働者階級といった、社会的主体を表す[32]」ことの多い伝統的な概念とは異なる概念であり、これらを含みながらも、これらとは明確に区別されるものなのである。彼らの考えるマルチチュードとは、人民のように統一性を含む概念ではなく多様性と、多数性を兼ねそなえた概念である。大衆のようにそのうちに差異を含まない概念ではなく、「社会的な多数多様性が、内的に異なるものでありながら、たがいにコミュニケートしつつともに行動することができる[33]」主体的な存在である。労働者階級のような労働者として定義されない人々を排除する概念ではなく、「包括的で開かれた概念[34]」である。

彼らはこうした帝国に抵抗するマルチチュードという概念に依拠しながら、帝国の支配の側面ではなく、帝国の社会を作りだしていく生産の側面に注目する。このようにして、フーコーにおいてはあまり区別されずに使われていた「生権力」と「生政治」という二つの概念が明確に区別して使われるようになった。彼らによると「わたしたちがそれに抗して闘う相手としての生権力と、わたしたちがそれによって自由を守り、自由を求める手段としての生の権力とは、特性も形態もまったく異なる[35]」のである。

この第一の意味での「生権力」は、住民の支配を目指して「生に対して行使される権力[36]」と定義され、これはほんらいの意味での「生権力」と呼ばれるようになる。これに対して第二の意味での「生の権力」は「抵抗し、主体性のオルタナティブな生産を決定する生の権力[37]」であり、これが彼らの考える「生政治」の概念なのである。この生政治の権力を行使するのがマルチチュードなのである。ネグリとハートは、このマルチチュードの概念によって生権力に対抗する生政治の運動に期待を寄せたのである。マルチチュードとは「自由に自己表現し、自由な人間の共同体を構成する主観性の大いなる集合的地平として世界を創りかえる[38]」ことのできるものとされているのである。

ネグリとハートの『〈帝国〉』は、フーコーの生権力の理論の否定的な側面を、マルチチュードという人民の概念によって積極的な方向に展開するものとして注目に値する。マルチチュードとは潜在的にはわたしたちにほかならないからである。生権力のもとでわたしたちがどのようにすればこの不可視の権力に抵抗できるかという道筋を模索するためには、この曖昧な、しかし曖昧であるがゆえに融通自在な概念を役立てることができるだろう。この概念はマルクスが主唱したプロレタリアの概念を引き継ぐものとして、現代において多様に展開される人民の概念の一つの派生体であり、外側の目線から人民を眺めた「大衆」概念に対立するさまざまな人民概念の一つとしてわたしたちの思考を活気づけてくれるだろう。

第2節 免疫の理論

生と政治の二つの道

ところで思い返してみると、フーコーの生政治と生権力の概念に依拠したアガンベンとネグリ／ハートの理論は、フーコーの概念に内在していた生と政治の関係についての二つの理論的な可能性そのものに含まれた対立関係を延長したものと言えるだろう。第一の可能性は人間の絶滅にいたる道である。もしも生権力という姿をとった主権権力が核爆弾を所有し、地上のすべての生命を抹消することを望むのであれば、その生権力は生命を抹殺する死の権力となるだろう。ウクライナとの戦争でロシアが脅迫しているように、生権力はみずからの敗北を認めるぐらいならば、核戦争を始めて、すべての生命を滅ぼすことを好むかもしれない。

これがアガンベンのタナトポリティクス、死政治の理論の究極の帰結である。そしてすでにドイツの哲学者**テオドール・アドルノ**と**マックス・ホルクハイマー**（一八九五〜一九七三）の共著『啓蒙の弁証法』は、この道筋を示唆していた。合理主義的な理性に依拠した啓蒙は、人間の自然的な身体にも合理主義的なまなざしを向けることで、人間のうちの自然を破壊する傾向をそなえていた。理性によって「あます所なく啓蒙された地表は、今、勝ち誇った凶徴に輝いている」[39]と彼らは告げる。というのも、「自己自身に暴力を振う思考だけが、さまざまの神話を破壊するに足る鞏固さを持つ」[40]からである。

第二の可能性は、主権権力のうちにそなわっていた生権力が主権権力を圧倒してしまうという方向である。フーコーが注目するのは、生権力の姿をとった主権の権力が、支配のために生物兵器のような手段を行使することで、みずからを滅ぼしてしまうありさまだった。コロナ禍という事態はその可能性をわたしたちにまざまざとみせたのだった。しかしネグリとハートのマルチチュードの概念は、生の権力が主権を抹殺してしまう方向ではなく、主権の支配の範囲を超えた民衆としてのマルチチュードが世界的な連帯を目指して、主権の権力を乗り越える方向を示したのだった。

労働者を重要な部分として含むマルチチュードは、主権をもつ帝国の生権力的な支配に抗して、叛乱を組織し、主権的でない「構成的な権力」を構築する可能性を秘めているだろう。「マルチチュードの目的（テロス）は、〈帝国〉に抗して、だが〈時間の成熟〉や〈帝国〉が差し出す存在論的条件のうちに留まりながら、その政治的空間を生き、またそれを組織するものでなければならない[41]」とされている。マルチチュードは、帝国がグローバリゼーションの過程においてもたらしたものを活用しながら、主権的でない新たな権力を構成する道筋を模索すべきなのだろう。これは楽観的に見えるとしても、わたしたちは主権的な権力からも生権力からも逃れる道を模索するしかないのはたしかだろう。

免疫の思想

イタリアの思想家**ロベルト・エスポジト**（一九五〇〜）は、フーコーが提起した生権力の逆説、すなわち生権力がときに国民を殺戮する死の権力となり、「死の政治」をもたらすという逆説に向きあいながら、「生権力がつねに死の権力に逆転しつづけるのはなぜなのか[42]」と問いつづけた。そしてフーコーはみずからの示した生権力と死の権力の二つのあり方についてのアポリアを解くべき手段をもちあわせていなかったと考えている。フーコーは、「この二つの可能性に捉えられ、生と権力とが交差するときに形成されるアポリアのうちから逃れることができなかった。そしてこれらの二つの方向に同時に進みつづけていた[43]」ことを指摘する。エスポジトはそれはフーコーが「生権力」と「生政治」という二つの概念を適切に区別して構成していなかったためだと考えた。そしてこの生権力と生政治、すなわち権力と生命の「両極を結びつける[44]」ことのできる「免疫」という概念を提起した。この免疫という病理学的な概念は、「生命の圏域と法の圏域を結びつける[45]」ことで、生の権力と主権の権力を結びつけうるとされているのである。

免疫というメカニズムは生命体に固有のものでありながら、政治体にも明確にみいだすことのできるメカニズムなのである。

それでは免疫とはどのようなものだろうか。ある辞書によると免疫とは「病原体や毒素、外来の異物、自己の体内に生じた不要成分を非自己と識別して排除しようとする生体防衛機構の一つ[46]」とされている。このメカニズムが解明されたのは、天然痘を予防するために種痘という方法を考案した**エドワード・ジェンナー**（一七四九〜一八二三）の成功がきっかけだった。この方法では、毒性を弱めた病原菌を体内に導入すると、この病原菌に対する抗体が作られ、これが強い病原菌を排除するようになるというメカニズムを利用して、その病原菌による疾病を制御することを目指すものである。この種痘のおかげで現在では天然痘は撲滅されたことが正式に宣言されている。

しかしこの免疫のメカニズムは、人体を危険な異物から守ってくれるという重要な役割を果たすだけではなく、人体にとって有害な効果をもたらすこともある。免疫は伝染病の予防のメカニズムであると同時に、〈自己〉と〈非自己〉の識別という重要な役割も果たしている。すなわち身体に非自己である物質が侵入するとこれを排除するのが免疫のもともとのメカニズムなのである。たとえば喘息や花粉症は、アレルギー反応によって発生するが、これは埃や花粉など、「環境の中にいくらでもある平凡な物質に対して起こる免疫反応[47]」である。そしてこのアレルギー反応は、ときに人間の生命を危険にさらすこともあるのである。血液や臓器の移植などの際にも、免疫反応のために拒絶反応が発生して、生命が脅かされることがある。新型コロナ病原菌が伝染した際に重症となるのは、自己が非自己からみずからを保護するはずの免疫のメカニズムが、自己を攻撃することによるものとされている。このように自己を守るはずの免疫が自己を攻撃することは、「自己免疫」のメカニズムと呼ばれる。

ここで興味深いのは、自己は非自己である異物のすべてを排除するわけではないということである。わたしたちの体内には自己ではない病原菌やウイルスが無数といってよいほど多く住み着いているし、病を起こさずに身体を通過している。こうした異物を人体はすべて非自己として排除するわけではない。共生することも、問題なく排泄することも多いのである。免疫反応が発生するのは、非自己である異物が自己になろうとしたときだけなのである。

身体の細胞が異物を消化して取り込んだ後に、自己である細胞の一部に非自己である異物が同化されて、自己の一部が非自己になったときに、免疫が発生する。現代の免疫学は免疫系の働きについて、「もともと〈自己〉を認識する機構が、〈自己〉の〈非自己〉化を監視するようになったと考えるのである。〈非自己〉は常に〈自己〉というコンテキストの上で認識される[48]」のであって、免疫のメカニズムは「〈非自己〉そのものには見向きもしない。〈非自己〉はまず〈自己〉の中に入り込み、〈自己〉を〈非自己〉化するらしい[49]」のである。これは生命を保護しようとするメカニズムが過剰になって、その極限において生命を滅ぼしてしまうメカニズムなのである。これが生政治が過剰になって生権力を滅ぼしてしまうメカニズムであり、次の項で考察する自己免疫はまさにその重要な実例なのである。エスポジトは免疫という生物学的な概念を掘り下げることによって、生政治と生権力の対立関係を新たな視点から考察するための手がかりをみいだしたのである。

デリダの自己免疫の理論

この自己免疫のメカニズム、とくに政治の領域における働きについて考察したのがジャック・デリダである。デリダは自己免疫について、一般的に次のように定義している。自己免疫とは、「ある生体のなかで他者にたいして当の生体を保護しているもの、他者の攻撃的な侵入にたいする免疫を当の生体に与えているものを、まさに当の生体が自律的な仕方で自発的に破壊しうるという論理[50]」である。これはほぼ免疫学的で生物学的な定義である。デリダにおいてとくに注目すべきところは、この自己免疫の概念を国家権力のあり方に適用したことにある。

デリダはとくに二〇〇一年九月一一日のアメリカ同時多発テロについて考察しながら、この自己免疫についての理論を展開する。「自己免疫プロセスとは、生ける存在者が〈みずから〉、ほとんど自殺のごとき仕方で、自己自身の防護作用を破壊するように働く、すなわち〈自己自身〉を守る免疫に対する免疫を、みずからに与えるように働く、あの奇妙な作用のことです[51]」。このテロの後でアメリカ合衆国はテロとの戦争の開始を宣言した。このテロとの戦争は、諸外国に根拠なしに戦争を仕掛ける行為であり、アメリカ合衆国こそが世界のうちで最大のテロ国家であるのではないかと疑われたのだった。さらに国内においても、「愛国者法」なる法律を定めて、国内のテロリストとして疑われる人物に対しては、基本的な人権を無視するような調査と取り調べを遂行した。この行為は自国の国民に戦争を仕掛けるに等しいものであり、政府は国民に対してテロリストのように振る舞ったのである。

このようにアメリカ合衆国はテロリストから自己を防衛するという名目のもとで、諸国に対してテロリストとして暴力を行使しただけでなく、自国の国民に対してもあたかもテロリストのような暴力を行使したのだった。「アメリカ合衆国、イスラエル、富める国々、植民地的ないし帝国主義的権力は、国家テロリズムを実行している咎で告発され、そしてその被害者であるとされるテロリストたちよりも〈さらにテロリスト〉的であるとして告発されている」[52]のだった。この行為はまさに、自国の防衛の名のもとに自国を破壊するにひとしい行為であり、自己免疫と言わざるをえないのである。まさにアメリカ合衆国はテロとの戦いにおいて、「民主主義はその敵たちに、その脅威からおのれを保護するために似なければならない」[53]ようになったのである。

デリダは、アメリカ合衆国のような「その主権が神学的な遺産であり続ける国家、その国境を非市民に閉ざし、暴力を独占し、国境を管理し、非市民を排除したり抑圧したりする国家」[54]では、このような自己免疫の論理に頼りがちであることを指摘している。こうした自己免疫の論理は、薬として使われるものが毒となるという意味では、毒と薬という対立する二つの意味を兼ねそなえたギリシア語のパルマコンとして働くのである。ここでは「国家は自己保護的であると同時に自己破壊的でもあり、薬であると同時に毒でもあるのです。パルマコンはこうした自己免疫的論理のもうひとつの別の名、古い名です[55]」。

ただしデリダはこの共同体の自己免疫というプロセスが、国家が自己と自国の市民を害する効果を発揮するという観点からだけではなく、国民国家として閉じた領域を開くような意外な効果を発揮する場面もあると考えていた。これは同時多発テロ以前の一九九六年に発表された『信と知』という著作で展開された考え方であり、共同体はみずからのうちに閉じこもるのではなく、みずからを破壊しながらも他なるものにみずからを開いていく傾向があると考えるのである。当時は「宗教的なものの復興」という現象が注目を集めていた。近代の啓蒙の遺産として、近代という時代は脱宗教の時代、世俗化の時代であった。しかしこの二〇世紀の末頃から、世界的に宗教的なものが勢いを取り戻すような現象が確認されていたのである。同時多発テロもまたこうした宗教復興現象の一つの現れと見ることもできる。

この時期には、宗教的なものが世界の先進の科学技術と手を結ぶという現象が顕著になっていた。テロリストたちは最新の科学技術の産物を使って、攻撃を仕掛けたのである。現代の科学技術的な産物のうちで生きているわたしたちの国家は、このような先端的な技術を、みずからを滅ぼすための手段として準備したかのようである。デリダはここに共同体の自己免疫の働きをみいだそうとする。これらの手段は国家がみずからを防衛するために作りだしたものであるはずである。敵を破壊するための攻撃の手段として発明された核兵器は、そもそもは防衛の手段となるはずのものだった。相互確証破壊（ＭＡＤ）戦略が示しているように、敵からの攻撃を防ぐための最終兵器として発明されたのである。

しかしこれらの兵器は、敵からの攻撃を招くものとして、みずからを破壊する要素として働く。現代国家の攻撃の手段は自国を破壊するという最終的な帰結をもたらすのである。デリダはここに現代国家の「死の欲動」をみいだす。「死の欲動は、すべての共同体、すべての共-自己-免疫性に、沈黙のうちに働きかけており、そして実のところそうした共同体を構成している[56]」のであり、「いかなる共同体であれ、自分自身の自己-免疫作用を維持して同じ状態に保つことをしないような共同体はありえない[57]」のである。

しかしこれは共同体の必然的な特性であり、そのことのうちにデリダは未来へのある希望をみいだそうとする。それは共同体は完全に自閉した状態では存続できないということであり、自己に異議を唱えることによって、他なるものに開かれざるをえないということでもあるからだ。「自己に異議を提起する動きを証明することによって、自己—免疫的な共同体は生きた状態に保たれるのであり、言い換えると自分自身とは異なるもの、自分以上のものへと開かれたままになるのである。すなわち他なるもの=他者、来たるべきもの=未来、死、自由、他者の到来あるいは他者への愛に[58]」に開かれていることになるのである。そこにデリダは、すでに考察した宗教との密接な結びつきをみいだすのである。

デリダはときに曲芸のようなテクスト解釈を繰り出して、わたしたちを圧倒すると同時に、どこかで騙されているのではないかという根拠のない疑念を抱かせるところもあった。しかし自己免疫とパルマコンをめぐるこの議論は、わたしたちの意表をつく論理展開によって読者を魅了する。わたしたちはそこにデリダの政治哲学の最良の成果をみいだすことができるだろう。

エスポジトの免疫論

免疫の逆説的なメカニズムについて現代においてもっとも透徹した分析を行っているエスポジトもまた、免疫のプロセスがパルマコンと同じ意味をもつことを指摘している。「治療としての毒、毒を通しての治療。まるで近代の免疫化の流れは、このような矛盾を最大限に強化してしまったかのようである」[59]というのである。そして現代における免疫の最大のシンボルがアメリカでの同時多発テロであったことを指摘する点でもデリダと一致する。「一方で、死をかけてまで、西洋の世俗化の汚染から、自分たちの主張する宗教的、民族的、文化的純粋さを守ろうとする、イスラームによる全体支配主義がある。他方では、有り余る自分たちの財を、地球の他の地域と共有することを断固として拒もうとする西洋がある。この対照的な二つの圧力が、抜け道のないかたちで締めつけられたとき、世界全体は、もっとも荒廃した自己免疫疾患という性質をもつ発作によって揺り動かされたのであった」[60]というのである。そして「マンハッタンのツインタワーとともに爆発したのは、それまで世界とともに保持されてきた二重の免疫システムだった」[61]と結論する。

しかしエスポジトはこうした自己免疫システムのもたらす災厄に注目するだけではなく、近代の政治哲学そのものに免疫のシステムが作動していることを暴きだすことにおいて、傑出している。近代の政治哲学の祖とも呼ぶべきホッブズが描きだしたのは、たがいに他人を殺してでも自己の所有と安全を維持しようとする人々が、その目的で国家を設立するという仮想的なプロセスだった。これが社会契約と呼ばれたのである。その後のロックの所有の理論も、ルソーの社会契約の理論も、社会のうちで他人の攻撃から自己の身体と財産と安全を守ることを目的として、社会契約を締結すると考えたのだった。このことをエスポジトは「ホッブズや彼につづく独裁主義あるいは自由主義の著者たちによって用いられたあらゆる政治的カテゴリー、すなわち主権、代表、個人などは、実際のところ、人間の生を脅かすような暴力的絶滅という危険にたいして人間の生を保護しようとする生政治的な問題を、哲学的かつ政治的な用語によって名づけ翻訳する、言語的で概念的な様態にほかならない[62]」と指摘している。これは主権の概念による国家の成立の論理と道筋にすでに生政治の問題が含まれていることを示すものである。

そしてホッブズの理論構想では、市民たちは自己の財産を守るために第三者に国家権力を譲渡するのであり、この譲渡契約が締結された後には、市民はもはや超越的な第三者の権力に抵抗することはできない。またルソーの社会契約の理論では、市民は自己の生命と安全を守るために国家を設立したのであるが、国家を防衛するためには自分の生命を捧げなければならない。これらのどの構想においても、市民は自分の所有と生命を保護するために自分たちで樹立した国家のうちで所有と生命を捧げることを求められる。これは自己防衛するために他なる異物を排除するための免疫のメカニズムが、自己そのものに向けられて自己を害する結果となる自己免疫と化してしまうあり方を思わせる。

ロベルト・エスポジト

Roberto Esposito

1950-

イタリア・ナポリに生まれる。フーコーが提起し、アガンベンが展開した生政治の思想に、自らを防衛しようとする結果、暴走し攻撃に転じる免疫の思想を取り入れ、生政治と生権力の対立を考察し、新たな共同体を構想する。もっとも注目されるイタリア現代思想家のひとり。

振り返ってみよう。免疫というメカニズムは、生理学的には身体の外部にある有毒質が身体に害を及ぼすことを防ぐために、その毒を軽減して取り込むことによって、身体の内部でその毒が制御された形で処理されるようにすることであった。毒をもって毒を制するのが免疫である。しかし自己免疫というプロセスは、外部の毒に対処するために毒を取り込むプロセスそのものが、身体に害をなすということである。

この観点から近代国家を調べてみると、身体の安全という目的のために国家を樹立したのだが、その国家が国民に、身体の安全を守るという目的で身体を滅ぼすように命じるのである。これは国家が自己免疫を起こしているとしか言いようがないあり方である。そもそも「近代人は、宗教的な関係の世俗化によってまるごと自分自身へと引き渡された生を守るべき一連の免疫装置を必要としている」[63]のであり、これこそが国家という免疫装置であるはずなのに、ひとたびこの免疫装置の内部に入ると、生命を守るための免疫装置のために自分の生命が破壊されてしまうことを甘受しなければならなくなる。これこそが免疫装置である国家が自己免疫の作用を行使し始めたということにほかならない。

さらに現代においては、フーコーが描きだしたように、国家の装置がナショナリズムや人種差別という病のもとで、激しい自己免疫の作用に苦しめられることになる。国家という免疫装置が「死をもたらす方向への真の、質的な急変が起こるのは、生政治的行程のこの免疫の襞が、まずはナショナリズムの趨勢と、次に人種差別主義の趨勢と交差するときなのである。このとき、生の保存という問いは、近代に典型的な個人のレヴェルから、他の国家や集団に対抗するようなかたちで民族的に限定された、身体としての国民国家や集団のレヴェルへと移行することになる」[64]と言わざるをえない。生命を守るはずの国家は、国民を兵士として大東亜戦争のような名目で、他国の国民を殺戮するために外国に派兵して死なせるのである。そして日本のファシズムを始めとして、「二十世紀の全体主義、とくにナチスによる全体主義は、この死政治的（タナトポリティカ）な流れの頂点にある」[65]ということになるだろう。近代国家に固有のこの自己矛盾のメカニズムを暴きだしたエスポジトの免疫についての考察は、わたしたちがこれから国家と社会についてどのように考えるべきかという道筋を照らしだすものとして貴重なものだろう。

コロナ禍と生政治的な支配

現代のわたしたちが生きているのは、コロナ禍というパンデミックを経験した時代である。このウイルスはわたしたちの日常生活の過ごし方を著しく変えてしまったが、それだけではなく、これまで本書で考察してきたさまざまな問題にも大きな変動を引き起こした。新型コロナウイルス（SARS-CoV-2）というウイルスは、わたしたちの身体にとりつくだけではなく、社会という身体にもとりついたのである。本書の最後に、このウイルスとそのもたらした変化について、本書で取り上げたテーマに関連して、いくつかの問題を考察することにしよう。自己と他者の関係、パンデミックと宗教の問題、統治者が民主的な手続きを踏むことなく重要な決定を下す例外状態の突然の発生、そして生権力と生政治が国民の生活に及ぼした影響、そして人間の自由の制限の問題などである。これらの問題について、コロナ禍の最初から活発に発言してきたアガンベンを軸として考えることにしよう。

まず自己と他者の関係については、わたしたちは自己を疫病から守るために、マスクを装着し、他者と食事をとることだけではなく、会話をすることも控えるようになった。わたしたちは他者を、わたしを殺しかねないウイルスの保持者とみなして、自己の利益のために他者を避けることを求められただけではなく、わたし自身もまた他者を殺しかねないウイルスの保持者とみなして、他者の利益のために他者に近づくことを避けるように自戒しなければならなくなったのである。このようにして他者を悪の源泉とみなすと同時に、自己また悪の源泉とみなすことを強いられるようになるとともに、伝統的な他者への倫理のあり方は著しく破綻した。

わたしたちは無条件的に、他者との距離をとることが求められた。「それが誰であろうと、大切な人であろうとも、その人には近づいても触ってもならず、その人とわたしたちのあいだには距離を置かなければならない[66]」ということになったのである。パンデミックはわたしたち人間の生を「純然たる生物学的なあり方へと縮減[67]」してしまったのであり、わたしたちの生を「剝き出しの生」としてしまった。この「剝き出しの生は、そして剝き出しの生を失うことへの恐怖は、人間たちを結びつけるものではない。人間たちの目を見えなくさせ、彼らを互いに分離するものである[68]」と言わざるをえないだろう。

またこのパンデミックの時代にあって、人々は宗教的なものにすがるようになっていった。メディアは黙示録的な言葉で人々の警戒心を煽り立て、科学すらほんらいの任務を忘れたかのように、人々の恐れと迷信を掻き立てる。「科学はあらゆる宗教と同じように、迷信と恐怖を生み出すことができる」[69]のである。アガンベンは人々が伝統的な宗教への信仰を喪失してしまい、もはや教会に頼ることができなくなったために、いっそう科学にすがるようになったことを指摘する。「それはまるで、教会が宗教的欲求をもはや充足させることができず、その欲求が手探りで別の身の置き場を探し、科学という、事実において現代の宗教となっているものにおいてその身の置き場をみいだしたかのようである」[70]。

キリスト教を含めた伝統的な宗教はもはや人々の信仰に応えることができていないために、人々の宗教的な傾向は科学のうちに、そして場合によっては科学ならざる似非科学のうちに信じられるものをみいだそうとするのである。ここに現代における宗教的なものの一つの重要な現象があると言うことができるだろう。

またこのパンデミックの期間を通じて、政府がいかなる民主的な手続きも無視して、国民の健康を守るという名目のもとで、法的にも根拠のない例外措置をとることができること、そして政府はこのような措置が統治にとってきわめて好都合であることをみいだしたことに注目すべきである。ヨーロッパ諸国は国民に厳しい外出禁止措置を命じたし、日本政府は唐突に学校の閉鎖を要請し、国民は従順にその要請にしたがったのである。「行政権は緊急政令を通じて事実上、民主主義を定義づける権力分立というあの原則を廃止して立法権の代わりとなる」[71]と言わざるをえないのである。かつてのナチスで総統の言葉が法として通用したように、パンデミックの状態にあっては、「首相や市民保護局長の言葉はただちに法の価値をもつ」[72]かのようである。

アガンベンはこのような状態をかつて「例外状態」と呼んでいた。この例外状態あるいは緊急状態という概念は、ドイツの法学者カール・シュミットの主権者の定義に基づいたものである。シュミットは「主権者とは、例外状態について決定を下す者のことである[73]」と説明していた。そして例外状態あるいは例外状況については、「現行の法律では規定されていない状況であり、極端な緊急状況とか、国家の存立が危ぶまれる状況などとして示すことができる[74]」と説明している。

この例外状態については、アガンベンの次の規定が分かりやすいだろう。例外状態とは、それが「ひとたび宣明されてしまえば、当の例外状態を規定した諸条件の現実性ないし重大性を検証する権力をもつような審級は一つとして想定されない[75]」ようになる状態のことである。コロナ禍は、この法学的な概念を誰にも分かりやすい身近なものとする稀有な実例となったのだった。そして現代では政府はもはや議会による審議と立法という手続きを経ることなく、政令という迂回路によって国民に命令を下すようになっているのは、前期のコロナ禍における外出禁止令などの実例からも明らかだろう。このようにして例外状態はもはや「例外的な」状態ではなくなり、日常のありさまになる。アガンベンは「もう何年にもなりますが、私の国では、私の国にかぎったことでもありませんが、緊急状態は通常の統治技術になっています[76]」と指摘している。

この例外状態における統治はまた、主権の権力による生政治的な支配と一体をなしている。

コロナ禍における政治権力は、住民の健康を守るという名目によって、人々のそれまでの日常生活を破壊して平然としていたのである。アガンベンは、この例外状態とは、わたしたちの生が「剝き出しの生」に縮減されたことを象徴的に示すものであることを力説している。「諸政府が以前からわたしたちを馴染ませてきた例外状態が、通常のありかたになったということを、エピデミックは明らかに示しました。人間たちは永続的な例外状態において生きることにこれほどまでにも慣れてしまった。自分の生が純然たる生物学的なありかたへと縮減され、政治的な次元のみならず、端的に人間的な次元のすべてを失った」[77]というのは過言ではないのである。

それというのも、政府がこのような例外状態での統治を推進するためにきわめて好都合に利用しているのが、異議を申し立てるのが困難なウイルスから国民の健康を守るという口実だからである。「イタリアは新たな統治テクノロジーが試される一種の政治的実験室です。ありとあらゆる政治活動を端的に除去する生き方を公共の健康の名において受け容れさせる統治テクノロジーを作り上げることにおいて、イタリアはいま前衛に位置しています」[78]。

最後にこのような生政治的な統治が人々の自由に与えた重要な影響についても、アガンベンは鋭く指摘している。ウイルスへの汚染を防ぐという名目で、政府は国民の外出を厳しく制限しただけでなく、「社会的距離」を置くことを求め、学校での授業をオンラインで実施するようにさせた。この「バイオセキュリティ」と呼ばれる統治形式は、民主主義を廃絶し、人々から行動の自由を奪った。そして個人の自由の制限にはきわめて敏感だったヨーロッパの人々も、「健康への脅威が問題になるや否や、人々は反発もせずに自由の制限を受け容れています」[79]というありさまである。

それだけではなく、古代から自由の重要な要素であった公的な活動への参加の自由も、このセキュリティの名目で、あっさりと圧殺されたのだった。「このようにして人々は、あらゆる社会関係、あらゆる政治的活動の廃絶が市民参加の模範的形式として提示される、という逆説に辿り着いた[80]」のだった。

このようにアガンベンはパンデミックの最初の時期からこうした統治テクノロジーを批判するために、現代の社会と政治のさまざまな重要な問題点について、活発に発言してきた。このパンデミックは次第に複雑な様相を呈し始めたので、なかには考察が行き届かないところもあったが、アガンベンのこうした発言は、その無謀さを含めて、わたしたちに多くのことを考えさせるきっかけを与えてくれたのである。

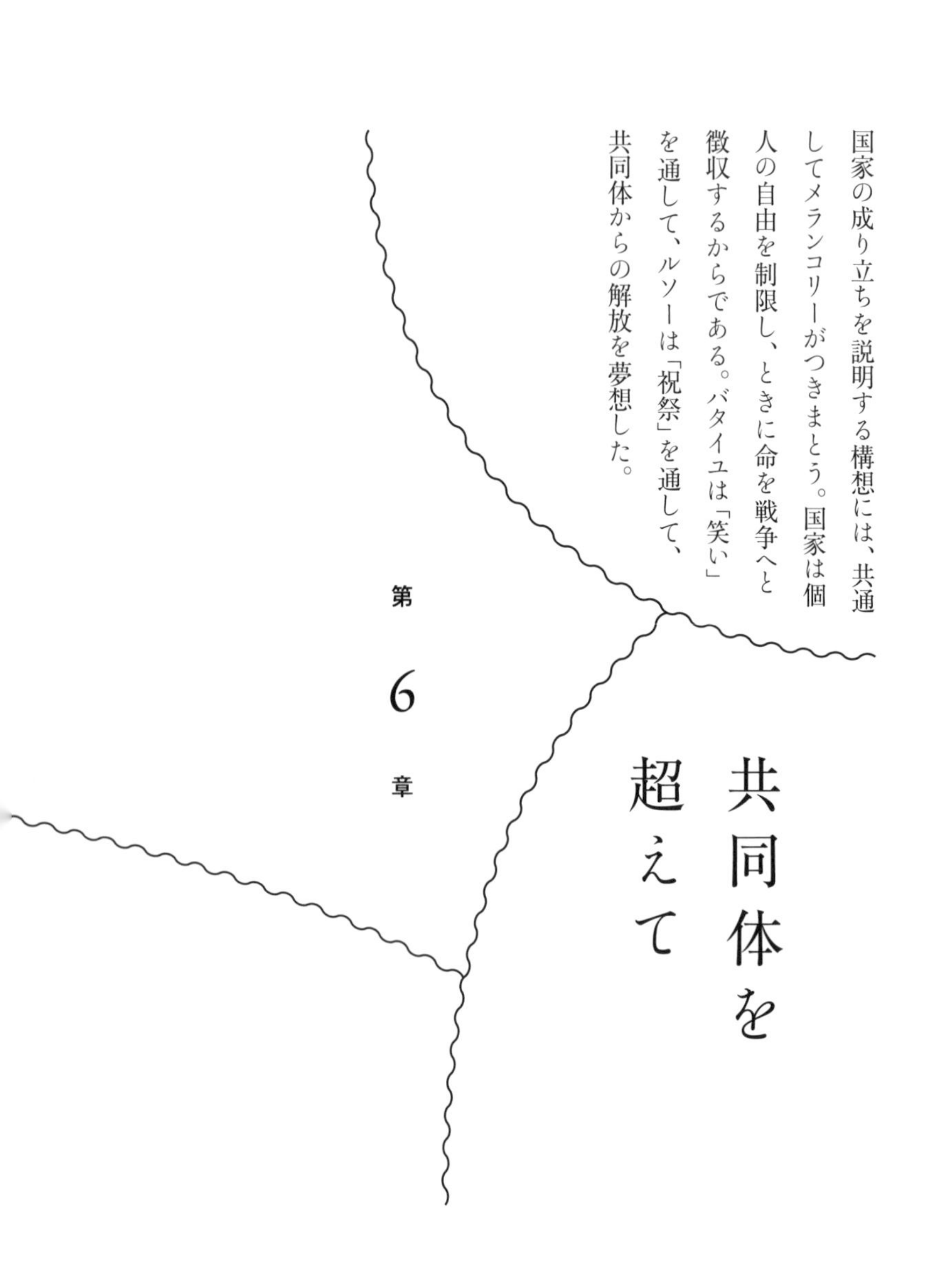

国家の成り立ちを説明する構想には、共通してメランコリーがつきまとう。国家は個人の自由を制限し、ときに命を戦争へと徴収するからである。バタイユは「笑い」を通して、ルソーは「祝祭」を通して、共同体からの解放を夢想した。

第6章 共同体を超えて

ジャン=リュック・ナンシー

Jean-Luc Nancy

1940-2021

フランス南西部ボルドーに生まれる。ジャック・デリダの影響を受けつつデカルト、カント、ヘーゲル、ハイデガー、バタイユを考察し、共同体論を展開。50歳で受けた心臓移植の免疫癌に罹患するも映画監督や現代美術作家、コンテンポラリーダンサーらとも協働、COVID-19に関する著作を著すなど旺盛に活動した。

第1節 笑いの共同体

バタイユのコミュニケーション論

これまでわたしたちは、他者からは隔絶してたがいに理解しあえない「自己」というあり方をしながらも、その大切な自己というものをもつためにも他者と他者からの承認を必要とする人間の不思議な存在のあり方について考察してきた。このような生き方をするわたしたちがさまざまな共同体のうちに加わり、巻き込まれ、時には排除されながら生きているのである。わたしたちは他者とともに生きざるをえないし、他者とともに生きることは喜びでもある。しかしその他者と作る共同体がときにわたしたちの生にとって大きな障害となることがあるのもたしかである。わたしたちは「鋼鉄の檻」のような資本主義の社会と国家のうちに閉じ込められ、他の国家との争いに巻き込まれる。そしてナショナリズムの情念に焚き付けられて、国家のために自分の生命を犠牲にすることを誇りにまで思わされるようになるのである。ロシアとウクライナの戦争で愛国心という名のもとに多数の人々が兵士として、祖国のために生命を捧げることを強いられているようにである。

このように共同体は、たった一人では生きていくことのできないわたしたちにとってどうしても必要なものでありながら、それが閉じた国家のような形では、わたしたちの生の喜びを奪いつくすこともある。そして他方では、わたしたちはこのような共同性なしでは、孤独な自己のうちに閉ざされて生きざるをえない。他者なしにはわたしたちの生は空虚なものであらざるをえないのである。すでに考察してきたように、共同性はわたしたちにとって解放をもたらすものであると同時にわたしたちの生を奪うものでもありうるのだ。

それでは共同体に生きながら、そのような形で生を簒奪されないようにするにはどうすればよいだろうか。そのためには負の共同性からできるかぎり解放された共同体について、新たな考察を模索する必要があるだろう。こうした共同性について考察した稀な思想家として**ジョルジュ・バタイユ**がいる。バタイユはたとえば笑うという行為が作りだす共同性について、こう語っている。道を歩いていて、ある人が滑稽な身振りで転んだとしよう。それを見ていた人は思わず笑ってしまう。転倒した人を嘲笑するために笑うのではないのだ。日常の堅苦しさが突然に解き放たれて、自由な笑いの空間が開かれるのだ。

ひとたび笑いが始まると、それまで人々を隔てていた「すべての仕切りが倒れ、笑う者たちの痙攣するように運動が解き放たれ、反響してひとつのまとまった笑いになる。だれもが宇宙の無限のきらめきに参与するだけではなく、他者の笑いに混じりあう。部屋のうちにもはやたがいに独立した笑いがあるのではない。ただひとつの哄笑の波が生まれるほどだ。笑う人は自分のよそよそしい孤独が奪いとられたかのように、だれもが急流の中でさざめく川の水のような生の一刻(ひととき)を過ごすのである」[01]。

この笑いは人々をさらって笑いの渦のなかに巻き込む。このようにして生まれた笑いの共同体は、ただそこに居合わせた人々が作りだす瞬時だけの共同体である。この共同体に加わるためにはいかなる資格審査も行われない。どのような人でもそこに居合わせただけでこの共同体を作りだす大切な一員となる。そしてこの笑いに加わらない人は、その共同体の楽しみを損ねてしまうのだ。

これは儚(はかな)い共同体であるが、いかなる人を排除することもなく、人々のあいだの交流だけで生まれるものである。この共同体のなかで人々は他者ときわめてたやすく交流しているという事実を体験する。「すべての種類の激しい交流のなかでも、笑い以上にわたしたちの全体を動かす交流はない。笑うことで、わたしたちの生はつねにたやすく交流できるようになる」[02]というバタイユの言葉は至言である。笑いの共同体はこの交流そのものである。

バタイユがこのように閉ざされた自己という閉域から解放される他者との共同体に思いをひそめたのは、当時のヨーロッパにおいて理想とされたコミュニズムのうちに、共同体のうちに真の自由をみいだすヘーゲルの絶対精神の実現の夢の反映をみたからだろう。ヘーゲルの相互

ジョルジュ・バタイユ

Georges Albert Maurice Victor Bataille

1897-1962

フランスの徴税人の家庭に生まれる。古文書学校卒業後、国立図書館司書を務め、晩年はオルレアン図書館の館長となる。理性を中心とする西洋哲学の絶対知を批判し、文芸批評や絵画論、小説など無神論の神秘主義的な作品を多く著し、エロスとタナトス（死）の思想家と呼ばれる。

承認の理論は、自己の意識が他者の意識との対峙の後に絶対的な意識へと到達することを目指しており、やがては国家においてこうした絶対精神が実現され、人間がそこで自由になることを夢見たのだった。

ヘーゲルのこの理念に依拠したコミュニズムは、疎外された労働と疎外された自己を解消し、理想的な共同体のうちで意識と労働の疎外をなくすことを夢想していた。しかしバタイユはこのような理想的な共同体というものが実現されれば、それは人々の自己性を圧殺する結果となることを予感していたのである。

バタイユにとっては共産主義を実現したと自称するソ連の社会は、生産至高主義のもとで人間を労働と生産という目的のために隷属させるものにすぎなかった。そしてバタイユは、「共産主義が生産活動をそこに帰着させる人間存在が、こうした至高な価値をもったのは、真に至高なものの一切を自分自身のものとしてはあらかじめ放棄してしまう、という第一義的条件を満たすことによってではなかったか」[03]と問いかける。人間の活動が生産の要請に屈するならば、「蓄積を優先させる世界は、われわれのうちにあって手段に還元しえないもの、至高なものを、何らかの形で否定し抹消する」[04]ことになるのではないかと考えたのである。

ナンシーの共同体

バタイユは笑いというごく些末な出来事のうちに、人々が「自己」という個としての殻を打ち破って、他者と交わり、世界と交流する可能性をみいだした。ハイデガーはわたしたち人間を現存在という概念で捉え、わたしたちは実存する存在であることを明らかにした。この実存する存在は、自己であることを選びとる存在である。ハイデガーの存在論は、個人としての現存在の自己性における存在論である。わたしは「わたし」という自己であることで、初めて実存する。ところがバタイユの交流の存在論は、自己を喪失する人々が自己から逸脱して笑いという共同体のうちに偶然のように作りだす共同性の存在論である。

ナンシーはバタイユが夢想したこの共同性の存在論に注目する。「バタイユはおそらく、現代における共同体の運命に関する決定的な体験を最も遠くまで辿った人物である[05]」と考えるからだ。人間が単独者として存在することができず、つねに共同的な存在であるからには、存在論は自己としての存在する単独者の存在論であるべきではなく、共同性の存在論であるべきだと考える。「存在は共同に存在している。これほど単純に確認されることがあるだろうか。しかし、これまで存在論によってこれほど無視されてきたことがあるだろうか[06]」。だから哲学とはこの共同性の存在論そのものにほかならないと考えるのである。

だからわたしたち人間の存在について考えるということは、共同体と共同性について考えることなのだ。「共同体は、個人性そのものを拵（こしら）えた後の個人の集合なのではない。というのも、個人性はそのような集合の内部でしか立ち現れないからだ[07]」。これまで確認してきたように、わたしたちはこの共同体のうちで初めて「自己」をもつ個人になる。ということは、「わたし」というものは共同体が存在して初めて存在するということだ。「〈私〉は〈私〉にかかわるこのやり取りやコミュニケーションに先立っては存在していない。共同体やコミュニケーションがむしろ個人性を構成する」[08]と考えるべきなのである。

ただし共同体そのものは、人間たちの交流のうちに発生するものである。「共同体とは、コミュニケーションをとおしてしかそのようなものとして実存[09]」しないものなのだ。だからもっとも原初的なものは、人々のあいだの交流という営みなのだ。笑いのような交流の出来事があって、そこに一つの共同体が発生し、この共同体における経験のうちで、個人という存在が可能になるのである。

近代のヨーロッパは、かつての農村における共同体が崩壊した後に、個人が析出(せきしゅつ)されるという資本主義の原始的な蓄積のプロセスを経験していた。そしてかつての共同体のうちに存在していた一体性を、共産主義によって回復するという夢をもっていたのである。

しかし共同体というものをこのように歴史的に喪失したり、未来において実現すべきものではなく、個人性の出現する根拠のように考えるならば、ヘーゲルの相互承認の理論の行き着く先である理想的な共同体としての国家の理念の根拠のなさが明確に示されてくるだろう。この夢は、まず個人を独立した存在とみなし、他なる個人との対峙のうちに相互に承認し、やがて理想的な共同体を実現すると考えているが、これは順序が逆なのであり、共同体の経験のうちからこそ個人という理念が生まれてくると考えるべきなのである。

ナンシーは、こうした逆転した考え方によって生まれる共産主義の夢は、喪失した共同体に対する近代の夢想を裏返したものにすぎないと考える。バタイユの共同性への夢は、この裏返しの夢想の根拠のなさを暴くものとみることができるのである。バタイユが笑いの経験によって示したのは、「共同体の現代的体験、すなわち生み出すべき作品でもなく、失われた合一でもなく、外の、〈自己の外〉の体験の空間それ自体[10]」であった。

バタイユは生産と労働の体制のうちに、人間の至高性を否定する営みをみいだした。笑いの共同体は、このような計画と効率性の高さに基づいた「営み」の体制を笑い飛ばすことで、人間の至高性の片鱗をよみがえらせる。「共同体は、営みの領域に属するものではありえない。それは生み出されるのではなく、有限性の体験として体験される（あるいはその体験がわれわれを形作る）[11]」ものにすぎない。「共同体は、ブランショが無為と名づけたもののうちに必然的に生起する[12]」のであり、ナンシーの考える共同体は、ナンシーが共同体論を展開した著作のタイトルが示すように、「無為の共同体」なのである。

第2節 メランコリーを超えて

エスポジトの共同体とメランコリー

すでに考察してきたように、フロイトは原初的な共同体は、女たちを独占する原父の支配に憤り、妬みを抱いた息子たちが、この独裁者たる原父を殺害することによって成立したと考えていた。父親を殺害した息子たちは、父親の肉を共同で食らう儀式をすることによって、かつての父親のもっていた力を体内に取り込むと同時に、殺した父親を弔ったのであった。そして息子たちはこの儀式によって、原父の殺害の記憶をとどめると同時に、原父の犯した過ちを繰り返さないために、同族の女たちを娶ることを禁じ、他の共同体から妻を迎えることを取り決めたのだった。

フロイトの考えたこの政治的な共同体の成立プロセスのうちに、エスポジトはメランコリーという性格がそなわっていると考える。これはすでに確認してきたことだが（本書第4章172ページ以下を参照されたい）、息子たちは共同体を成立させるために、「市民の秩序の確立に必要な二重の取り下げ[13]」を行わざるをえなかった。第一の取り下げは、「兄弟たちが父親を殺害したのが女性を獲得するためであるにもかかわらず、女性の獲得を断念すること[14]」であり、第二の取り下げは、原父のもっていた権力の独占を放棄することである。

もちろんフロイトの考えたこの政治的な共同体の成立についての構想は歴史的な事実とは考えられない「神話的な」ものであるが、国家の成立においてみられる暴力の行使の背後にある心的なプロセスについて重要な示唆をしてくれるものである。そしてこの心的なプロセスは国王を殺害して君主政を廃絶して、近代的な民主国家を建国したフランスのような国家においても想定しうるプロセスである。「近代政治の主体は、彼らが殺害したかつての君主の地位を手に入れることによってのみ、そのような主体として成り立つことができるのだ。しかし彼らは、君主の身体をむさぼり食いつつも、みずからの死を取り込んでいるのである。死に服従し、主体としての死をみずから経験することによってのみ、彼らは権力を手にいれることができる[15]」のであり、エスポジトはこれを「政治的メランコリーの極端なかたち[16]」と呼ぶ。

このメランコリーは近代の政治哲学の端緒であるホッブズの政治哲学のうちにも確認できる。ホッブズの『リヴァイアサン』において人々が国家を設立したのは、万人が万人にとって狼であり、誰もがみずからの欲望を実現するために他人を殺害しようとする戦争状態を終焉させるためだった。ここにはメランコリーの二つの特徴が見られる。まず市民たちは「人間関係の根源的なかたちとしての普遍化した殺害可能という前提[17]」を放棄することで国家を樹立したのであるが、これは自然状態においてみずから所有していた主権を放棄するということであり、市民たちは国家のうちで、この失われた主権に対するメランコリーに悩まされることになる。それだけではなく、市民たちは主権を放棄したために、自分の生命を守るために設立した国家のために自分の生命を捧げる覚悟をしなければならなくなった。ここでも市民はメランコリーに苦しめられることになるだろう。国家の設立は「臣民の側のあらゆる権力の放棄に基礎を置くのであり、臣民はやがて「自らの生を守るために、死を宣告できる特権すら与えられた人物を求めることに[18]」ならざるをえないからである。このメランコリー理論は、共同体の形成において自己免疫のプロセスが発動していることを指摘したエスポジトならではの鋭い共同体についての考察と言えるだろう。そして「ホッブズ的な犠牲のモデル[19]」を批判するルソーの政治哲学もまた、別種のメランコリーに悩まされることになるだろう。そのことを確認するために、ルソーの二つの大切な共同性の夢を確認しておこう。

ルソーの祝祭

ルソーがかつて存在していたと思われる人々のうちでの共同性への郷愁と、心をとろけさせるような新たな共同性の創出への夢を抱いていたことは、ルソーの物語る二つの共同体の物語からも明らかである。ルソーは子供の頃にある町で父親とともに、住民たちが祝ううるわしい祭りを目撃したのだった。それは広場で、「野外で、大空の下で」[20]開かれる市民の演劇のような祝祭だった。この祝祭では、ジュネーヴのサン＝ジェルヴェの連隊が軍事的な演習を行った後に、「隊員の大部分が夕食後サン＝ジェルヴェの広場に集まって来て、将校も兵隊もみんないっしょに泉のまわりで踊り始めた」[21]。この踊りには「軍服を来た五、六百人の男たちの息がぴったりと合っていた」[22]のだった。この踊りはやがて、「踊りの輪がさまざまな形にひろがり、それに合わせて調子をとる曲が変わる。太鼓の音、松明の輝き、楽しさのただなかにくりひろげられる一種の軍事的祭典」[23]になっていった。

この祭典を目撃しているルソーは父親とともに感動で身を震わせた。父親は子供にこう教えたのである。「ジャン＝ジャック、お前の故国を愛しなさい。あの善良なジュネーヴ人たちをごらん。みんな友達だ。みんな兄弟なのだ。この人たちのあいだには喜びと和合が支配している」[24]。そしてルソーはこのような祭典こそが、社会のうちで共同性と共同体への愛を生みだすものだと考える。そして次のような祝祭を提案するのである。「広場のまんなかに花を飾った杭を立て、そこに人民を集めてください。そうすればあなたがたは一つの祝祭を始めることになるのです。もっと本格的な祭りにするには、観客たちそのものを芝居にしてください。観客自身を俳優にしてください。すべての人々がよりよく結ばれるように、各人が他人のなかに自分をみいだし、自分を愛するようにしてください」[25]。

このルソーの感動と父親の教えが、ルソーの政治哲学の基調を作りだしている。他者を愛することが自分を愛することであり、自分を愛することがそのままで他者を愛することになるような政治体制はどのようにして構築できるか。それが『社会契約論』の最大のテーマとなるだろう。「すべての人々がよりよく結ばれるように、各人が他人のなかに自分をみいだし、自分を愛するようにしてください」というルソーのこの言葉は、たんに祭りや演劇について語られたものではない。「各人が他人のなかに自分をみいだす」ことができる体制、それが個別の意志が一般意志と一致しうる体制であり、社会契約のもとでの自由と財産の全面譲渡によって、自分の自由と財産を取り戻すシステムだけが実現しうる状態なのである。やがてルソーはポーランドの憲法草案の作成を依頼された際に、政治的な風土を改革するために、祝典の開催を提案するようになるだろう。「定期的なおごそかな祭典を創設して、けばけばしく軽薄な華やかさではなく、誇り高く共和主義的な華やかさをもって、十年ごとにそれを祝うことにしてはどうか、と私は思う[26]」と。この祝典は国民のうちに祖国を愛する心を培うだろうとルソーは考えたのである。

そしてルソーはこれとは別の祭典を『新エロイーズ』のなかでも描きだしている。この小説では、ジュリーとヴォルマールの夫婦が作りだした共同体クラランは、生活そのものが祭典のようなものとなっていた。この村ではヴォルマール家に感化されてユートピアのような状態が具現している。「人々は一日中歌を唱い、笑いさざめきますが、そのために労働はますます捗る（はかど）ばかりです。すべての人々はこの上なく親密に暮らし、あらゆる人々は平等でありながら、しかも自分の身分を忘れる者は一人もいないのです[27]」。このクラランでは、労働は遊びになり、祝祭になり、人々は労働を通じて親密になるが、身分の違いを無視するような人はいない。このクラランの共同体とジュネーヴの兵士たちの祝祭こそが、ルソーが思い描いた理想の共同体だった。

ルソーはこの失われた共同体への夢と、それを復活させる希望に動かされて、政治哲学を構想していた。この理想の共同体へのノスタルジーが、「不在の共同体にたいする悲痛なノスタルジー」[28]として、ルソーの共同体のメランコリーを生みだしているのである。そして二十世紀の全体主義の背後に、このような失われた共同体に対するメランコリーが存在することは否定できないだろう。「二十世紀の全体主義が、共同体を自分自身と同一視し、そうすることで共同体を完成するという幻想、狂った幻想でないとしたら、いったい何だったであろうか」[29]と言わざるをえないのである。それだけにこのようなノスタルジーとメランコリーにつきまとわれない共同体のあり方をわたしたちは考えるべきなのだ。それはわたしたちが自分の生と自己を共同体のために捧げてしまうことなく、みずからと共同体を豊かにする共同性の可能性を探るためにも必須の試みとなるだろう。

終わりに——あとがきに代えて

自己と他者

　ここで最初から振り返ってみよう。わたしたちは自分が「わたし」であると信じている。この「わたし」は、「自己」と呼ばれている。わたしが「わたし」であり、ほかの誰でもないのは、わたしにはわたしだけの「自己」があるからだ。この自己はわたしたちが生まれてからの無数の経験とその記憶と、それにまつわる多彩な感情の糸によって織りあげられている。楽しい経験と記憶もあるし、思い出したくなくて、しっかりと蓋をしてあるものもある。そしてこのような経験と記憶の織物はわたしだけに固有なものであり、ほかのすべての人と異なるものであり、それがわたしの自己であり、わたしを作りあげているものである。これはほかの誰にもないものであり、ほかの誰にも譲り渡すことのできないものだ。

すくなくともわたしたちはそう信じている。しかしこれまで考察してきたように、わたしたちが自分の自己を作りあげることができたのは、わたしたちだけの力によってではない。わたしたちがこの「自己」をもつことができるためには、成長のプロセスにおいて他者にきわめて強く依存してきたのだった。わたしたちは独力では自己を構築することがほとんどできないのである。このプロセスにおいてわたしたちは驚くほどに無力である。

わたしが自分のことを「わたし」と意識して、「わたし」と呼ぶことができるようになるまでに、すなわちわたしが他者とは異なる「自己」であることを確信することができるまでには、きわめて長い時間がかかるのであり、そのことが可能となるためには他者の存在がなによりも必要なのである。他者なしではわたしたちは自分を自己として認識することもできない。それまではむしろ自己は他者であり、他者こそが自己であった。わたしたちは他者なしでは内容のない空虚な存在であり、わたしたちが自己となるためには、他者の力を借りなければならなかったのである。わたしたちはそのことで他者に大きな借りがあると言えるだろう。

わたしたちが自分の力でこの世に生まれてくることができなかったように、わたしたちは自分の力だけでは自分自身になることができない。これは自明なことではあるが、たやすく自覚できることではない。そもそもわたしたちは自分の力でこの世に登場したのではなく、母親から産み落とされてこの世の一人の存在者となったのである。わたしは自力で生まれたのではなく、「産み落とされた」のである。吉野弘の有名な詩に語られるように、人間は生まれるのではなく、「正しく言うと人間は生まれさせられるんだ」[01]と言わざるをえない。わたしたちは自分の存在を一人の他者の存在と努力に依存している。そのことでわたしたちは自分の存在そのものについて他者に大きな負債を負っていると言えるだろう。そしてこれまで確認してきたように、わたしたちはみずからの自己となるためにも、他者に大きな負い目を負っているのである。わたしたちは自分の存在そのものにおいて、他者に負い目を負っているのであり、わたしたちはその負い目を返済することを求められているように感じることがある。

自己の成立における他者の役割

このようにわたしたちは自分の存在そのものだけではなく、自分が「自己」となるためにも、他者に大きな負い目を負っているのである。そのことについて、レヴィナスは自己がそのものとしては無であり、他者の存在によって初めてこの無のような状態から離脱することができると語っている。レヴィナスはまだ自己というものがそなわっておらず、ただ存在しているだけの状態を、夜に眠れずにただ意識があるだけの不眠の状態に譬えている。その状態は、「空の貝殻を耳にあてると、その貝殻の内に何かが一杯につまっているかのように、その静寂がざわめきのように聞こえることと、何かしら似ているところがある[02]」という。この不眠の状態では、「夜の中で私たちはこの暗がりに釘づけにされ、もはや何ものにもかかわっていない。しかし〈何も……ない〉というこの無は、純粋な虚無の無ではない。これやあれはもはやなく、〈何か〉ではないのだ[03]」。それでいてこの無はいかなる存在者よりも、その充実した存在によってわたしたちに迫ってくる。それはただそこにあるというだけの事実としての存在である。レヴィナスはこの無の存在を非人称の「ある」（イリヤ）だけの存在と呼ぶ。

　わたしたちの自己は他者との関係をもたないかぎり、このような空虚な無のような状態にあるとレヴィナスは考えるわけだ。この無名性の無に触れるとき、わたしたちは恐怖に襲われる。あるいは強い不快の感情に襲われるとも言えるだろう。わたしは存在する、わたしはわたしとしてここに現実に存在している。この存在はわたしたちにとっては何よりも確実なものでありながら、その内実はまったくの空虚である。この「ある」だけの存在にはいかなる意味もない。わたしたちのうちにある自己、わたしたちにとってもっとも大切なものであるはずのこの自己の空虚さ、それがわたしたちを怯えさせる。

「わたしはわたしである」という自同律は絶対に否定することのできない確実な命題である。しかしこの自同律は内容をもたず、その空虚さは不快さをもたらすだけである。自同律の不快。埴谷雄高は「存在が担うべき不快の秘密[04]」であるこの自同律としての「われはわれなり」のテーマを軸として、長編小説『死霊』を著したのだった。「〈吾は吾なり〉と確言する絶対不動の保証とは、果たして何んだったのだろうか？　それは、たった一つ——明証（エヴィデンツ）、それだけです[05]」。この「その見かけからして如何に疑いつくそうとついに疑い得ぬ、どうにも動かしようもない、唯一無二らしい自己証明[06]」の虚しさがもたらす精神の荒廃をめぐってこの小説は展開される。

　デカルトに始まる近代哲学もまた、わたしの意識の外部にあるすべての存在者の存在を疑いながら、「わたしは考える」という唯一の確実な命題を基礎として始まったのだった。しかしこの確実さは、いかなる内容もない空虚なものであり、デカルトはこの空虚を埋めるために神の存在とその誠実さを要請せざるをえなかった。しかしレヴィナスはデカルトとは違って、神の力によって自己の確実さから世界の確実さにいたるのではなく、自己が内実をもった自己として成立するために必要となるのは、他者であると考えた。不眠のうちから、「主体はいかにして出来(しゅったい)するのか?[07]」という解くことのできない問いに答えるために、レヴィナスは他者との関係こそがわたしたちの自己を作り出す秘密であると考えた。この他者は、フッサールの現象学が提示するような感情移入によって構築することのできる「他我」、「もうひとりの自我、共感によってつまりは自己自身への回帰によって認識される〈他我[08]〉」であることはできない。このような共感が成立するためにはすでに自己が成立していなければならないはずだからである。

わたしが「わたし」になることができるのは、わたしの自我と同じ資格をもつ他我の力によってではない。わたしとは非対称な関係にある他者が、わたしの不意をつくようにして、わたしを訪れ、わたしにその〈顔〉をつきつけることが必要なのである。わたしはこの非対称な他者、わたしの自我のうちに包括することのできない異質な他者と対話を交わすことで、他者との関係を作りだすことができる。そしてこの他者との関係こそが、わたしの自己の内実を作りだすことができるだろう。

負い目の返済の責務

　この他者との非対称な関係はもちろん他者にとってもあてはまる。非対称な関係のもとで他者にとってはこの〈わたし〉が彼にとっての他者の役割を果たすことになる。他者はわたしを他我とは異なる他者として経験することになるだろう。この非対称性はわたしと他者とのあいだで相互的なものであるが、この相互性によって非対称性は破壊されず、そのまま維持される。レヴィナスは社会性というものはこのような他者との関係によって初めて生まれると考える。わたしが自我であり、自己であるためには、このような他者との関係が必要とされるのである。その意味でわたしはその社会的な存在が成立する過程において、他者に大きな負い目を負っていることになる。他者が存在しなければ、わたしの自己も社会的な存在も成立しえないからだ。それはわたしが生物学的な存在において、母親に大きな負い目を負っているのと同じことである。

　レヴィナスがわたしたちは他者にたいして責任を負わされていると主張するのは、この負い目のためである。わたしが〈わたし〉でありうるために他者が存在し、他者がわたしと関係を結ぶことが絶対に必要であった。この他者との関係は、わたしにとってはみずからの自己をもつことができるために必要不可欠なものであり、他者がわたしに与えてくれたその恩恵のために、わたしは他者に責任を負うことになる。「私はここにいます、と言うこと、他人にたいして何かすること、与えること、人間的な精神の持主であることなどが、他人との絆を結ぶということなのです」[09]。人間が他者と社会的な関係をもち、それによって自己となることが可能となったのはこの他者との関係によってであり、人間が主観性というものをもてるようになったのもこの他者との関係によってである。レヴィナスはこの他者への責任は限りのないものであり、わたしを迫害する他者にたいしてまでも、わたしは責任を負うと考える。第4章で紹介したレヴィナスの「私は隣人の責任そのものにたいしても責任を有している」(二一〇ページ)という言葉は、この意味で語られているのである。

このレヴィナスの他者の理論は、相互承認によって社会が形成されると考えるヘーゲルの思想とは対蹠的(たいしょてき)な位置にあるが、わたしたちの自己が他者との関係によってしか成立せず、この他者との関係が社会の成立のための根本的な条件であるとみなすことにおいては共通していると言えるだろう。わたしたちが社会的な関係を取り結ぶのは、このような他者への責任と他者にたいして負っている負い目によってであり、わたしたちはこの負い目を返済しなければならないと無意識のうちに感じているからではないだろうか。そのことは、マリノフスキーの語ったトロブリアンド諸島でのクラの関係において、他者との交流と贈り物の交換が行われるのは、わたしたちがこのように他者にたいして原初的に負っている負い目のようなものの力のためとされていることからもうかがうことができる。

クラの関係において受け取った他者からの贈り物には「ハウ」がついているのであり、このハウは贈り物を受け取った人に負い目を負わせるのである。そして贈り物を受け取ることで編まれたこの負い目は、別の他者に贈り物をすることで返済しなければ、その人には不幸が訪れると信じられている。それだからこそ、この負い目を返済しなければ、「私には何か悪いことが起こり、死ぬことになるでしょう」（一九七ページ）と島民は語るのである。第4章でわたしたちの宗教的な心性について考察したときに触れたように、贈与や交換という広い意味での経済的な行為の背後には、「贈与されたままでは、ある種の〈借り〉ができると感じる」（一九五ページ）気持ちが、わたしたちが真の意味で自己となるため負ってきた負債の返済の責任の感覚が今なお生きていると言えるだろう。

そして贈与と交換において発生するこの負い目の感覚は、広い意味では近代以降の国家と国家との関係においても成立しうるものだろう。近代以降の国民国家システムにおいては、他の国を敵とみなして滅ぼしあうのではなく、贈与と交換の関係を構築してたがいに恩恵を与えあうことによって相互的な利益を享受しあうことが、国家間の関係を律する重要な原理となりえたはずである。自由な貿易によって相互的な利益を強めあう国家の関係が望ましいことは、カントの「永遠平和のために」においても明確に語られていた。カントは自国に欠乏する財をたがいに供給しあう貿易の関係の背後にある「商業の精神」こそが、永遠平和のために自然が用意したものだと語っていた。この精神は「戦争とは両立できないものであり、遅かれ早かれすべての民族はこの精神に支配されるようになるのである。というのは、国家権力のもとにあるすべての力と手段のうちでもっとも信頼できるのは財力であり、諸国は道徳性という動機によらずとも、この力によって高貴な平和を促進せざるをえなくなるのである」[10]と語っていたのだった。交易と歓待の原理のもとで、さまざまな国家はたがいの長所を生かしながら、永遠の平和と繁栄の道を歩むこともできたはずだった。

国家を超えて

ただしこのような国民国家の相互的な恩恵の関係に基づいた平和構想は、カントの期待にもかかわらず、必ずしも実現の可能性の高いものではなかった。それはわたしたちが啓蒙の示した理性的な判断だけに基づいて行動する存在ではなかったからである。この啓蒙の理性的な体制は、帝国主義と植民地支配につながる政治的、経済的な動機は別としても、啓蒙の哲学では十分に考慮されることのなかった二つの重要な要因によって、実現が困難になった。まずわたしたちは過激なまでの偏頗(へんぱ)な愛国心とナショナリズムという要因によって、他国の人々と協力して平和と繁栄を目指すという道筋から逸脱することになった。それは現在のわたしたちを悩ませ、苦しめているロシアによるウクライナの侵攻という事態と、国内の平和を実現するという名目のもとで他国の領土を攻撃するパレスチナ紛争によって象徴されている。ウクライナ侵攻の背後にあるロシアの汎スラブ主義と、ガザを含むパレスチナ攻撃の背後にあるシオニズムは、国民国家の形成期に思索していたカントの視界にはまだ入ってきていない予想外の要因だった。

そしてさらに重要なのは、近代の国民国家の成立の機構の背後には、免疫の論理が働いていたことである。エスポジトが明らかにしたように、国民の生命と財産と自由の保護のために樹立されたはずの国家が、自己免疫のメカニズムにしたがって、国家の存続という大義のために自国の国民の生命を惜しみなく犠牲にするものであることが明らかになったのである。エスポジトは、この自己免疫のメカニズムは、国家を対象としたテロリズムによって何よりもあからさまに示されるようになったと考えている。二〇〇一年のアメリカ同時多発テロは、国家の防衛という名のもとに国民の自由を剝奪することを容易にさせたのだった。「マンハッタンのツインタワーとともに爆発したのは、それまで世界とともに保持されてきた二重の免疫システムだった」(二五二ページ)であるのは明らかだろう。

そして国家の枠組みを超えたコロナ禍は、国家のあいだの友好的な絆と交流の可能性を正面から否定するものだった。パンデミックの時代にあっては、カントが提起し、デリダが主唱した歓待の精神は、国民の安全という至上目的のためにあっさりと無視されたのだった。そしてわたしたちはみずからの健康の維持という目的のために、「あらゆる社会関係、あらゆる政治的活動の廃絶が市民参加の模範的形式として提示される、という逆説」(二六一ページ)を、異議も唱えずに受け入れたのだった。今のところはコロナ禍は表面的には過ぎ去ったと思えるとしても、いついかなるときに新たなパンデミックの災いが襲うかもしれないのであり、そのときに自由な貿易と歓待の精神がいかにたやすく踏みにじられるかは、今からすでに予想することができる。

このような時代にあってわたしたちは、これまでの社会的な関係の枠組みから外れるとしても、既存の国家のもたらした逆説的な罠から脱出する道筋を模索せざるをえない状況に置かれている。そのための思考の糸口は、本書のなかでいくつか素描してきたが、自己免疫の論理から逃れて、自己も共同体の仲間も犠牲にしない共同性のありかたを探るための試みは、それがどれほど夢想的なものに思われるとしても、諦めて放棄してしまってはならないものであるはずである。

なお本書は前著『労働の思想史』と同じように、平凡社編集部の吉田真美さんと木村企画室の木村隆司さんのご助力によって生まれたものである。手厚いご支援に心からお礼を申し上げる。

中山 元

終わりに——あとがきに代えて

註

引用にあたっては訳文に手を加えていることがあるので、引用文献とは文章が異なることがある。引用中の〈　〉は『　』の代用である。

はじめに

[01][02]ハイデガー『存在と時間』序論、中山元訳、光文社古典新訳文庫、第一分冊、六三ページ。
[03]ライプニッツ『単子論』河野与一訳、岩波文庫、二二五ページ。

第1章　自己から他者への道

[01]フッサール『デカルト的省察』浜渦辰二訳、岩波文庫、一九五ページ。
[02]同、一九六ページ。
[03][04]同、二二四ページ。
[05][06]メルロ＝ポンティ『意識と言語の獲得』木田元、鯨岡峻訳、みすず書房、四六ページ。
[07]メルロ＝ポンティ「幼児の対人関係」、『眼と精神』滝浦静雄、木田元訳、みすず書房、一三六ページ。
[08]メルロ＝ポンティ『意識と言語の獲得』前掲書、四八ページ。
[09][10][11]メルロ＝ポンティ「幼児の対人関係」、『眼と精神』前掲書、一三七ページ。
[12]同、一三八ページ。
[13]ジャック・ラカン「〈わたし〉の機能を形成するものとしての鏡像段階」、『エクリI』宮本忠雄、竹内迪也、高橋徹、佐々木孝次訳、弘文堂、一二六ページ。
[14]メルロ＝ポンティ「幼児の対人関係」、『眼と精神』前掲書、一六五ページ。
[15]同、一六三ページ。
[16]同、一六四ページ。
[17]同、一六三ページ。
[18]同、一六四ページ。
[19]同、一六七ページ。
[20][21][22]同、一八一ページ。
[23]マルコ・イアコボーニ『ミラーニューロンの発見』塩原通緒訳、早川書房、四五ページ。
[24]同、一五〇ページ。
[25]同、九二ページ。
[26][27]メルロ＝ポンティ「幼児の対人関係」、『眼と精神』前掲書、一七六ページ。
[28][29]同、一七二ページ。
[30]同、一七六ページ。
[31]同、一七七ページ。
[32]ルネ・ジラール『暴力と聖なるもの』古田幸男訳、法政大学出版局、二三〇ページ。
[33][34]同、二二九ページ。
[35]フロイト「集団心理学と自我分析」、『フロイト、無意識について語る』中山元訳、光文社古典新訳文庫、二三五ページ〜二三六ページ。
[36]同、二三七ページ。
[37]フロイト「自我とエス」、『自我論集』中山元訳、ちくま学芸文庫、二三五ページ。

[38]メルロ=ポンティ「幼児の対人関係」、『眼と精神』前掲書、一八五ページ。
[39]同、一八四ページ。
[40]下條信輔『〈意識〉とは何だろうか』講談社現代新書、一六二ページ。
[41]同、一六六ページ。
[42]同、一七三ページ。

第2章　社会はどのようにして形成されるのか

[01]アリストテレス『政治学』第一巻第二章、『アリストテレス全集』第一五巻、山本光雄訳、岩波書店、七ページ。なお邦訳では「人間は自然に国的動物である」となっている。
[02][03]同、八ページ。
[04]トマス・アクィナス『神学大全』第二部、問九四、第二項。
[05]グロティウス『戦争と平和の法』序言、『戦争と平和の法』第一巻、一又正雄訳、巌松堂出版、八ページ。
[06]同、一二ページ。
[07]同、五二ページ。
[08]ホッブズ『リヴァイアサン』第一部第一五章、『リヴァイアサン1』光文社古典新訳文庫、角田安正訳、二七五ページ。
[09]同、第一三章。同、二二四ページ。
[10]同。同、二二六〜二二七ページ。
[11]同。同、二二八ページ。
[12]ロック『市民政府論』鵜飼信成訳、岩波文庫、一四〜一五ページ。
[13]同、一七ページ。
[14]ルソー『社会契約論』、中山元訳、光文社古典新訳文庫、三九ページ。
[15]落合和昭「ピルグリム・ファーザーズとメイフラワー誓約書」、『駒澤大学外国語部論集』第六二号、四六ページ（http://repo.komazawa-u.ac.jp/opac/repository/all/17990/）。
[16]ハンナ・アレント『革命について』志水速雄訳、ちくま学芸文庫、一三九ページ。
[17]ルソー『社会契約論』前掲書、七六ページ。
[18]同、七七ページ。
[19]L・スティーヴン『十八世紀イギリス思想史』中野好之訳、筑摩書房、中巻、二〇一ページ。
[20]ハチスン『美と徳の観念の起源』山田英彦訳、玉川大学出版部、三三一ページ。
[21]ヒューム『人性論』第三部第一節、『人性論』大槻春彦訳、岩波文庫、第四巻、一八六ページ。
[22][23]同、第一部第一〇節。同、第三巻、七一ページ。
[24]同、七二ページ。
[25]同、第三部第一節。前掲の第四巻、一八八ページ。
[26]アダム・スミス『道徳感情論』水田洋訳、岩波文庫、下巻、三六三ページ。
[27]同、三六四ページ。
[28][29][30][31]同、上巻、三二ページ。
[32]同、三九ページ。
[33][34][35][36]同、五六ページ。
[37]同、四九ページ。
[38][39]同、五七ページ。

[40]同、五九ページ。
[41]同、五八ページ。
[42]同、二二五ページ。
[43]同、二二六〜二二七ページ。
[44]同、二二六ページ。
[45]フーコー『社会は防衛しなければならない』石田英敬・小野正嗣訳、筑摩書房、二五八ページ。
[46]ヘーゲル「精神現象学」、『ヘーゲル全集　4』金子武蔵訳、岩波書店、上巻、一九五ページ。
[47]ヘーゲル「精神哲学草稿　I」、『イェーナ体系構想』加藤尚武監訳、法政大学出版局、六五ページ。
[48]同、七二ページ。
[49][50]同、七六ページ。
[51][52]同、七八ページ。
[53]ヘーゲル「精神哲学草稿　III」同、一六三〜一六四ページ。
[54]同、一六四ページ。
[55]同、一四八ページ。
[56]同、一五五ページ。
[57]同、一五六ページ。
[58]同、一六五〜一六六ページ。
[59]同、一六六ページ。
[60][61][62]同、一六七ページ。
[63][64]同、一六八ページ。
[65][66]ヘーゲル『法哲学講義』長谷川宏訳、作品社、三六六ページ。
[67][68]同、五〇二ページ。
[69]ヘーゲル『法の哲学』藤野渉、赤沢正敏訳、中央公論新社、一九九ページ。
[70]同。
[71]ヘーゲル「フィヒテとシェリングの哲学体系の差異」、『理性の復権』山口祐弘、山田忠彰、星野勉訳、批評社、八五ページ。
[72][73][74]アダム・スミス『国富論』山岡洋一訳、日本経済新聞出版社、上巻、一六ページ。
[75]アクセル・ホネット『承認をめぐる闘争』山本啓、直江清隆訳、法政大学出版局、一二八ページ。
[76]同、一四八ページ。
[77]同、一七二ページ。

第3章　暴力、戦争、平和論

[01]マックス・ウェーバー『職業としての政治』中山元訳、日経BP、一〇ページ。
[02]同、一〇〜一一ページ。
[03]同、一三ページ。
[04][05]ダントレーヴ『国家とは何か』石上良平訳、みすず書房、五ページ。
[06]同、九ページ。
[07]同、六ページ。
[08]同、八ページ。
[09]ハンナ・アレント『暴力について』山田正行訳、みすず書房、一三三ページ。
[10]同、一三五ページ。
[11]同、一三九ページ。

[12]同、一〇二ページ。
[13]プラトン「国家」、『プラトン全集』第一一巻、岩波書店、藤沢令夫訳、七〇ページ。
[14]アレント『暴力について』前掲書、一四五ページ。
[15][16]ジョルジュ・ソレル『暴力論』木下半治訳、岩波文庫、下巻、四四ページ。
[17]同、六三ページ。
[18]同、一三ページ。
[19][20]同、上巻、四〇ページ。
[21]ベンヤミン「暴力批判論」、『ヴァルター・ベンヤミン著作集1 暴力批判論』野村修訳、晶文社、三二ページ
[22]同、三一ページ。
[23]同、三三ページ。
[24]同、二一ページ。
[25]同、二〇ページ。
[26]同、二一ページ。
[27]「民数記」第一六章三三節。新共同訳による。
[28]ベンヤミン「暴力批判論」、前掲書、三一〜三二ページ。
[29]同、三二ページ。
[30]同、二六ページ。
[31]今村仁司『ベンヤミンの〈問い〉』講談社選書メチエ、一六二ページ。
[32]ベンヤミン「暴力批判論」、前掲書、三六ページ。
[33]同、八ページ。
[34]同、三二ページ。
[35]同、九ページ。
[36][37]同、一〇ページ。
[38]デリダ『法の力』堅田研一訳、法政大学出版局、一二〇ページ。
[39]デリダ「アメリカ独立宣言」、『思想』二〇一四年一二月号、五七ページ。
[40]デリダ『法の力』前掲書、一一〇ページ。ここで法／権利と書かれているのは、フランス語では法も権利もドロワという同じ言葉を使うので、邦訳ではこの二つの言葉を区別できないからである。
[41]同、一〇七ページ。
[42]同、一〇九ページ。
[43]同、一一〇ページ。
[44]マックス・ウェーバー『プロテスタンティズムの倫理と資本主義の精神』中山元訳、日経BP、四九二ページ。
[45]クラウゼヴィッツ『戦争論』篠田英雄訳、岩波文庫、上巻、一四ページ。
[46]同、二九ページ。
[47]エヴァンス・プリチャード『ヌアー族』向井元子訳、岩波書店、二五一ページ。
[48][49]同、一九八ページ。
[50]同、二〇五ページ。
[51]同、二〇六ページ。
[52]ピエール・クラストル『暴力の考古学』毬藻充訳、現代企画室、七七〜七八ページ。
[53]同、八六ページ。
[54]同、一〇三ページ。
[55]ジル・ドゥルーズ／フェリックス・ガタリ『千のプラトー』宇

野邦一ほか訳、河出書房新社、四一三ページ。
[56]同、四一五ページ。
[57]同、四一六ページ。
[58]エラスムス『平和の訴え』箕輪三郎訳、岩波文庫、九六ページ。
[59]同、九七ページ。
[60]『エラスムス』二宮敬訳、人類の知的遺産23、講談社、三〇八ページ。
[61]エラスムス『平和の訴え』前掲書、二三ページ。
[62]グロティウス『戦争と平和の法』第一巻。前掲書、一八ページ。
[63]同、七六ページ。
[64]同、七七ページ。
[65]同、九ページ。
[66]同、第二巻。前掲書、二四四ページ。
[67][68][69][70][71]サン＝ピエールの平和論については、それを紹介したルソー「永久平和論抜粋」を参照する。『ルソー全集』第四巻、宮沢弘之訳、白水社、三三四ページ。
[72][73][74]同、三三八ページ。
[75]ルソー『社会契約論』第一篇第八章、前掲書、五〇ページ。
[76]ルソー「永久平和論抜粋」、前掲書、三三九ページ。
[77]カント「永遠平和のために」、カント『永遠平和のために／啓蒙とは何か 他3編』中山元訳、光文社古典新訳文庫、一六九ページ。
[78]同、一七五ページ。
[79]同、一八〇ページ。
[80][81]同、一八三ページ。
[82][83]同、一八六ページ。
[84]ジャック・デリダ『歓待について』廣瀬浩司訳、産業図書、九七ページ。
[85]カント「永遠平和のために」前掲書、一八七ページ。
[86]同、一九一ページ。
[87]桑原武夫編『フランス革命の研究』岩波書店、五八ページ。
[88]同、六八ページ。
[89]ウィリアム・マクニール『戦争の世界史』高橋均訳、中公文庫、上巻、三八七ページ。
[90]同、三九七ページ。
[91][92]同、四〇〇ページ。
[93]クラウゼヴィッツ『戦争論』前掲書、上巻、三三一ページ。
[94]同、三四ページ。
[95]同、三五ページ。
[96]同、四二ページ。
[97]同、五八ページ。
[98]カール・シュミット『陸と海』中山元訳、日経BP、一三七ページ。
[99]同、二五六ページ。
[100]カール・シュミット「日本の〈アジア・モンロー主義〉」。カール・シュミット『現代帝国主義論』長尾龍一訳、福村出版、一二六ページ。
[101]クラウゼヴィッツ『戦争論』前掲書、上巻、三三九ページ。
[102][103]カール・シュミット『パルチザンの理論』新田邦夫訳、ちくま学芸文庫、一〇二ページ。
[104]同、一六二ページ。
[105]同、一六七ページ。

[106]同、一六九ページ。
[107]エマニュエル・レヴィナス『全体性と無限』岩波文庫、上巻、熊野純彦訳、一三ページ。
[108][109][110]同、一五ページ。
[111][112]同、一六ページ。
[113]同、一九ページ。
[114]同、一六ページ。
[115]ヴァルター・ベンヤミン『歴史の概念について』未来社、鹿島徹訳・評注、六二ページ。
[116]「歴史の連続体」のこのような見方については、同書の一七四ページの鹿島による解説を参照されたい。
[117]『ベンヤミン・コレクション7』ちくま学芸文庫、浅井健二郎編訳、六〇五ページ。
[118]ヴァルター・ベンヤミン『歴史の概念について』前掲書、六六ページ。
[119]同、六九ページ。
[120][121]同、五二ページ。
[122]アドルノ『否定弁証法』木田元、渡辺祐邦、須田朗、徳永恂、三島憲一、宮武昭訳、作品社、四三六ページ。
[123][124][125][126]同、四三七ページ。

第4章　宗教と民族

[01][02]ルドルフ・オットー『聖なるもの』久松英二訳、岩波文庫、一八ページ。
[03]エミール・デュルケーム『宗教生活の原初形態』古野清人訳、岩波文庫、上巻、七二ページ。
[04]同、七七ページ。
[05]同、八二ページ。
[06]同、八六〜八七ページ。
[07]ミルチア・エリアーデ『世界宗教史』第一巻、中村恭子訳、ちくま学芸文庫、二四ページ。
[08][09]ジョルジュ・バタイユ『宗教の理論』湯浅博雄訳、ちくま学芸文庫、五二ページ。
[10]ゼェデル・ブローム『神信仰の生成』三枝義夫訳、岩波文庫、上巻、五五ページ。
[11]バタイユ『宗教の理論』前掲書、一三ページ。
[12]同、四五ページ。
[13][14][15]同、五四ページ。
[16]同、五五ページ。
[17]フロイト「トーテムとタブー」、『フロイト著作集』西田越郎訳、第三巻、人文書院、二五九ページ。
[18][19]同、二六五ページ。
[20][21]同、二六六ページ。
[22]同、二六七ページ。
[23]同、二六八ページ。
[24]フロイト『モーセと一神教』中山元訳、光文社古典新訳文庫、三〇三ページ。
[25]ルネ・ジラール『暴力と聖なるもの』古田幸男訳、法政大学出版局、三一一ページ。
[26]同、二四ページ。
[27]アイスキュロス「慈みの女神たち」、『ギリシア悲劇Ⅰ アイスキュロス』呉茂一訳、ちくま学芸文庫、一九四ページ。

[28]同。
[29]同、三〇三ページ。
[30][31]ジラール『暴力と聖なるもの』前掲書、二九ページ。
[32]同、一五二〜一五三ページ。
[33]同、三五一ページ。
[34]同、五一九ページ。
[35][36]マリノフスキー「西太平洋の遠洋航海者」、『世界の名著 マリノフスキー、レヴィ・ストロース』増田義郎訳、中央公論社、一四六ページ。
[37]同、一四八ページ。
[38][39]同、一五六ページ。
[40]マルセル・モース『贈与論』吉田禎吾、江川純一訳、ちくま学芸文庫、八六ページ。
[41][42]同、三五ページ。
[43]同、二八九ページ。
[44][45]マルティン・ブーバー『我と汝・対話』田口義弘訳、みすず書房、七ページ。
[46]同、八ページ。
[47]同、一三ページ。
[48]同、一四ページ。
[49]同、三八〜三九ページ。
[50]同、四三ページ。
[51]同、一二〜一三ページ。
[52]同、一二ページ。
[53][54][55][56]同、一三五ページ。
[57]同、一〇三ページ。
[58][59]同、一五〇ページ。
[60]同、一三五ページ。
[61]エマニュエル・レヴィナス『固有名』、合田正人訳、みすず書房、四五ページ。
[62]同、四六ページ。
[63]同、四五ページ。
[64]レヴィナス『存在するとは別の仕方で あるいは存在することの彼方へ』合田正人訳、朝日出版社、一六二ページ。
[65]レヴィナス『固有名』前掲書、四七ページ。
[66]ヴァルター・ベンヤミン『歴史の概念について』前掲書、四六ページ。
[67][68][69]デリダ『マルクスと息子たち』國分功一郎訳、岩波書店、九三ページ。
[70]デリダ『マルクスの亡霊たち』増田一夫訳、藤原書店、一九四ページ。
[71]デリダ『マルクスと息子たち』前掲書、九一ページ。
[72]同、一〇五ページ
[73]同、一〇六ページ。
[74]デリダ『マルクスの亡霊たち』前掲書、三四二ページ。
[75]蓮見重彦・山内昌之編『いま、なぜ民族か』東京大学出版会、四ページ。
[76]同、五ページ。
[77]同、一七ページ。
[78][79]アーネスト・ゲルナー『民族とナショナリズム』加藤節監訳、岩波書店、一二ページ。
[80]ディドロとダランベールが編纂した『百科全書』の「国民」の

項目、一七六五年版の第一巻三六ページ。
[81]シィエス『第三身分とは何か』稲本洋之助、伊藤洋一訳、岩波文庫、一八ページ。
[82]同、一九ページ。
[83]フィヒテ「ドイツ国民に告ぐ」第七講演。『国民とは何か』鵜飼哲、大西雅一郎、細見和之・上野成利訳、インスクリプト、一一九ページ。
[84][85]同、一二〇ページ。
[86]エルネスト・ルナン「国民とは何か」、同、五七ページ。
[87]同、六一ページ。
[88]同、六二ページ。
[89]アーネスト・ゲルナー『民族とナショナリズム』前掲書、一ページ。
[90]同、七三〜七四ページ。
[91]同、七四ページ。
[92]同、七六ページ。
[93]ベネディクト・アンダーソン『想像の共同体』白石隆・白石さや訳、リブロポート、一七ページ。
[94][95]「一四カ条の平和原則(一九一八年)」。アメリカ合衆国国務省『米国の歴史と民主主義の基本文書大統領演説』(https://americancenterjapan.com/aboutusa/translations/2386/)。
[96]マイケル・イグナティエフ『民族はなぜ殺し合うのか』幸田敦子訳、河出書房新社、三七ページ。
[97]同、四〇ページ。
[98]同、五四ページ。

第5章　生政治と免疫の思想

[01][02]フーコー『社会は防衛しなければならない』前掲書、二四〇ページ。
[03][04][05][06]同、二四二ページ。
[07]同、二四三ページ。
[08]同、二四七ページ。
[09]同、二四六ページ。
[10][11]同、二五二ページ。
[12]ジョルジョ・アガンベン『アウシュヴィッツの残りもの』上村忠男・廣石正和訳、月曜社、二一〇ページ。
[13][14]同、七〇ページ。
[15][16]同、七一ページ。
[17]同、九〇ページ。
[18]アガンベン『ホモ・サケル』高桑和巳訳、以文社、一〇四ページ。
[19]同、二一〇ページ。
[20]同、二三六〜二三七ページ。
[21]同、二三三ページ。
[22]同、一五七ページ。
[23]同、二四六ページ。
[24]同、二四七ページ。
[25]同、二二〇ページ。
[26]ジャン・リュック・ナンシー「生政治症候群」、西山雄二編著『いま言葉で息をするために』勁草書房、三五ページ。
[27][28]アントニオ・ネグリ/マイケル・ハート『〈帝国〉』水嶋一憲、酒井隆史、浜邦彦、吉田俊実訳、以文社、四一ページ。

[29]同、四五ページ。
[30][31]同、八ページ。
[32]アントニオ・ネグリ／マイケル・ハート『マルチチュード』幾島幸子訳、NHKブックス、上巻、一九ページ。
[33][34]同、二〇ページ。
[35]アントニオ・ネグリ／マイケル・ハート『コモンウェルス』幾島幸子、古賀祥子訳、NHKブックス、上巻、一〇六ページ。
[36][37]同、一〇七ページ。
[38]『ネグリ生政治的自伝』杉村昌昭訳、作品社、一四五ページ。
[39]アドルノ／ホルクハイマー『啓蒙の弁証法』徳永恂訳、岩波書店、三ページ。
[40]同、五ページ。
[41]アントニオ・ネグリ／マイケル・ハート『〈帝国〉』前掲書、五〇四〜五〇五ページ。
[42]ロベルト・エスポジト『ビオス』ビブリオテカ・エイナウディ、三五ページ。
[43]同、三八ページ。
[44][45]同、三九ページ。
[46]『デジタル大辞泉』の免疫の項。
[47]多田富雄『免疫の意味論』青土社、三三ページ。
[48]同、四〇ページ。
[49]同、三八ページ。
[50]ジャック・デリダ『ならず者たち』鵜飼哲・高橋哲哉訳、みすず書房、二三四ページ。
[51]ユルゲン・ハーバーマス／ジャック・デリダ／ジョヴァンナ・ボッラドリ『テロルの時代と哲学の使命』藤本一勇、澤里岳史訳、岩波書店、一四一ページ。
[52]同、一六三ページ。
[53]デリダ『ならず者たち』前掲書、八六ページ。
[54][55]ユルゲン・ハーバーマス／ジャック・デリダ／ジョヴァンナ・ボッラドリ『テロルの時代と哲学の使命』前掲書、一九一ページ。
[56][57]デリダ『信と知』湯浅博雄、大西雅一郎訳、未来社、一二九ページ。
[58]同、一三〇ページ。
[59]ロベルト・エスポジト『近代政治の脱構築』岡田温司訳、講談社選書メチエ、一五七ページ。
[60][61]同、一五九ページ。
[62]同、一七二ページ。
[63]同、一七三ページ。
[64]同、一七六ページ。
[65]同、一七七ページ。
[66]アガンベン『わたしたちはどこにいるのか?』高桑和巳訳、青土社、一三〇ページ。
[67]同、三八ページ。
[68]同、三六ページ。
[69]同、五三ページ。
[70]同、五二〜五三ページ。
[71]同、八四ページ。
[72]同。なおここでの市民保護局とはイタリア共和国の首相が率いる非常事態の予測、防止、および管理などを担当する国家機関のことである。https://www.wikiwand.com/ja/%E3%82%A4%E3%82%BF%E3%83%AA%E3%82%A2%E5%B8%82%E6%B0%91%E4%BF

%9D%E8%AD%B7%E5%B1%80参照。
[73] シュミット『政治神学』中山元訳、日経BP、一二ページ。
[74] 同、一四ページ。
[75] アガンベン『わたしたちはどこにいるのか?』前掲書、一九三〜一九四ページ。
[76] 同、八九〜九〇ページ。
[77] 同、六四ページ。
[78] 同、九五ページ。
[79][80] 同、一四二ページ。

第6章　共同体を超えて

[01] バタイユ『呪われた部分 有用性の限界』中山元訳、ちくま学芸文庫、二〇三ページ。
[02] 同、二〇〇ページ。
[03] バタイユ『至高性』、湯浅博雄ほか訳、人文書院、一八八ページ。
[04] 同、一八九ページ。
[05] ナンシー『無為の共同体』西谷修・安原伸一郎訳、以文社、三〇ページ。
[06] 同、一五七ページ。
[07] 同、二〇二ページ。
[08][09] 同、二〇三ページ。
[10] 同、三五ページ。
[11][12] 同、五七ページ。
[13][14][15] エスポジト『近代政治の脱構築』前掲書、六八ページ。
[16] 同、六九ページ。
[17] 同、六七ページ。
[18] 同、六八ページ。
[19] 同、七〇ページ。
[20] ルソー「演劇に関するダランベール氏への手紙」、『ルソー全集』第八巻、西川長男訳、白水社、一五〇ページ。
[21][22][23][24] 同、一六三ページ。
[25] 同、一五一ページ。
[26] ルソー「ポーランド統治論」、『ルソー全集』第五巻、永見文雄訳、白水社、三七一ページ。
[27] ルソー『新エロイーズ』安士正夫訳、岩波文庫、第四巻、四〇ページ。
[28] ロベルト・エスポジト『近代政治の脱構築』前掲書、七〇ページ。
[29] 同、六六ページ。

終わりに――あとがきに代えて

[01] 吉野弘「I was born」。『吉野弘詩集』思潮社、三〇ページ。
[02] レヴィナス『倫理と無限』原田佳彦訳、朝日出版社、五七ページ。
[03] レヴィナス『実存から実存者へ』西谷修訳、朝日出版社、九三ページ。
[04] 埴谷雄高『死霊』講談社、二五〇ページ。
[05] 同、二四八ページ。
[06] 同。
[07] レヴィナス『実存から実存者へ』前掲書、一一〇ページ。

［08］同、一四〇ページ。
［09］レヴィナス『倫理と無限』前掲書、一三七ページ。
［10］カント「永遠平和のために」前掲書、二二〇ページ。

中山元　なかやま・げん

哲学者・翻訳家。
哲学サイト「ポリロゴス」主宰。
1949年、東京生まれ。
東京大学教養学部中退。
著書に『労働の思想史』『アレント入門』
『フーコー 生権力と統治性』、
訳書にカント『純粋理性批判』、
ハイデガー『存在と時間』、
ルソー『人間不平等起源論』、
ウェーバー『プロテスタンティズムの
倫理と資本主義の精神』など。
ポリロゴス http://polylogos.org/

編集——木村隆司（木村企画室）
イラスト——YACHIYO KATSUYAMA
デザイン——三木俊一（文京図案室）

〈他者〉からはじまる社会哲学

国家・暴力・宗教・共生をめぐって

2024年4月24日　初版第1刷発行

著者——中山元
発行者——下中順平
発行所——株式会社平凡社
〒101-0051
東京都千代田区神田神保町3-29
電話 03-3230-6573（営業）
平凡社ホームページ
https://www.heibonsha.co.jp/

印刷・製本——図書印刷株式会社

ISBN 978-4-582-70369-6